私たちの負けられない想い。

全日本吹奏楽コンクールにかけた青春！

新・吹部ノート

オザワ部長 著

KKベストセラーズ

Contents 目次

プロローグ

「吹奏楽の甲子園」をめぐる熱い青春！

本書を手に取ってくださったアナタは吹奏楽経験者でしょうか？　それとも、吹奏楽とは縁遠かったものの、なんとなく吹奏楽に興味を抱いてくださった方でしょうか？

一般的には「ブラバン」という愛称で呼ばれることが多い吹奏楽は「熱い」音楽です。吹奏楽で主に使われる楽器は木管楽器（フルート・クラリネット・サックスなど）と金管楽器（トランペット・ホルン・ユーフォニアムなど）ですが、これらの管楽器は人間の生命の根本である「息」を使って音を奏でます。ゆったりした気持ちのときは呼吸もゆったりし、興奮すると呼吸も早くなりますが、それと同じように息で奏でる管楽器には奏者の気持ちが乗りやすいと言えます。また、楽器の特性上、大きな音を出しやすく、音の出だしや切れもはっきりできるため、「熱い」音楽が生まれるのです。

そんな吹奏楽の世界で、もっとも「熱い」のが「吹奏楽の甲子園」とも呼ばれる全日本吹奏楽コンクール（全国大会）・高等学校の部です。

頂点である全国大会での金賞受賞を目指し、日本中の吹奏楽部に所属する高校生たちが練習に没頭する日々を送っています。自分の演奏技術、部内の人間関係、勉強との両立……たくさんの悩みを抱え、ときには失敗をしながらも、一歩一歩前に進んでいく若者たち。夢の全国大会への道行きを支えてくれるのは、自身の「負けられない想い」を綴った「ノート」です。

本書では、7つの高校の吹奏楽部員たちが綴った「ノート」を手がかりにしながら、全国大会を目指す「熱い」青春ドキュメンタリーを描いています。

吹奏楽経験者はもちろん、もしアナタが経験者でなくても、何かに一生懸命であれば、きっと本書に登場する吹奏楽部員たちの思いや言葉が心に響くことでしょう。あるいは、「自分も何かに一生懸命になってみよう!」と思えるかもしれません。

日本人が初めてイギリスの軍楽隊の隊長から吹奏楽を習い始めてちょうど150年が経った2019年――令和元年の「吹奏楽の甲子園」。その裏側にあった汗と、涙と、音楽に彩られたストーリーをお読みください。

オザワ部長

「吹奏楽の甲子園」基礎知識

【全日本吹奏楽コンクールとは?】年に1回行われる吹奏楽界最大のイベント。中学校、高等学校、大学、職場・一般という4部門で開催されるが、もっとも注目を集めるのが高等学校の部だ。地区大会→都道府県大会→支部大会を勝ち抜いた代表30校のみが出場を許される。支部は北海道・東北・東関東・西関東・東京・東海・北陸・関西・中国・四国・九州で、支部ごとに代表数が異なる（参加校数の比率による）。

【会場】２０１９年現在、名古屋国際会議場センチュリーホール。中庭にはレオナルド・ダ・ヴィンチ作の巨大な「幻のスフォルツァ騎馬像」があり、全国の高校生の憧れの地となっている。かつて「吹奏楽の聖地」と呼ばれ、全国大会の会場だった普門館は取り壊し中。

【審査方式】高等学校の部は前後半に分かれ、15校ずつが出場。審査や表彰式も前後半それぞれ行われる。９人の審査員が15校をおおよそ3分の1ずつＡ・Ｂ・Ｃで相対評価。Ａが過半数なら金賞、Ｃが過半数なら銅賞、それ以外には銀賞が授与される。

【演奏】年ごとに変わる5つの課題曲の中から1曲と自由曲を1曲、合計２曲を12分以内に演奏する。タイムオーバーは失格となる。

【開催時期】全国大会は10月下旬（まれに11月初旬になることも）に開催される。地

knowledge

区大会から数えるとおおよそ3カ月にわたる長期の大会だ。なお、地域によっては地区大会がなかったり、前年の成績によって地区大会がシードになったりすることもある。

【人数制限】全国大会とそれにつながる大会はA部門と呼ばれ、55人までが出場できる。なお、高校生に加えて同一経営の学園内の小学生・中学生も参加できる。

地区大会・都道府県大会参加校
1422校

↓

支部大会参加校　221校
北海道・東北・東関東・西関東・東京・
東海・北陸・関西・中国・四国・九州

↓

全日本吹奏楽コンクール
参加校　30校

↓

全国大会金賞
8～10校程度

※参加校数は2019年度

地区大会（7～8月）≫ 都道府県大会（7～8月）≫ 支部大会（8～9月）≫ 全国大会（10月）

※全国大会が無い地域もある。

No. 01
Date 2019.7

夏、コンクールという「海」への船出のとき

明誠学院高等学校吹奏楽部（岡山県）

激戦区として知られる中国支部で、2018年まで3年連続で全国大会に出場してきた明誠学院。吹奏楽コンクールの始まりを目前に控えた部員たちは、迷いと戸惑いを抱えながらも、目の前に広がる「海」へ挑もうとしていた──。

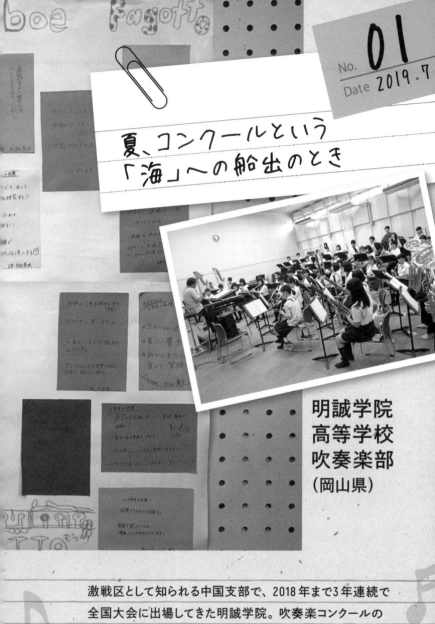

寺坂羽乃《うの》さん
(3年生・
トランペット)

[部長]
影山裕太くん
(3年生・
チューバ)

太田悠貴《ゆうき》くん
(3年生・
パーカッション)

太田彬貴《よしき》くん
(3年生・
トランペット)

最後のコンクールが始まる！

校舎の階段を上がるとき、少し息が切れてしまう。吹奏楽部の部室があるのは6階、合奏練習が行われる音楽ホールは7階。そこまで自分の脚で上がっていかなければならない。けれど、そこへ通うようになって3年目。もう慣れてしまった。

校舎の裏手にある木立ではセミが騒がしく鳴いている。窓の外には、熱気に沈む岡山市街が見渡せる。少し、汗がにじんだ。

階段の途中で、掃除をしている部員たちに出会う。掃き掃除をしている者、拭き掃除をしている者。「おはようございます」と声をかけられ、「ありがとう」と返す。自分たちが入部するよりずっと前から、そうするのが習わしになっ

ているのだ。

掃除が終わると、7階の音楽ホールに91人の部員が集まり、ミーティングが始まる。最初は全体でのミーティングだ。

前に立つのは、明誠学院高校吹奏楽部を率いる稲生《いのう》健《たけし》先生。表現力豊かで個性的な指揮と、ユーモアのある言動で注目されている名物先生である。

先生はいくつか事務的な話をした後、「ジャンケンじゃ。全員、起立！」とみんなを立たせた。全部員によるジャンケン大会が始まった。

「最初はグー！　ジャンケン、チョ

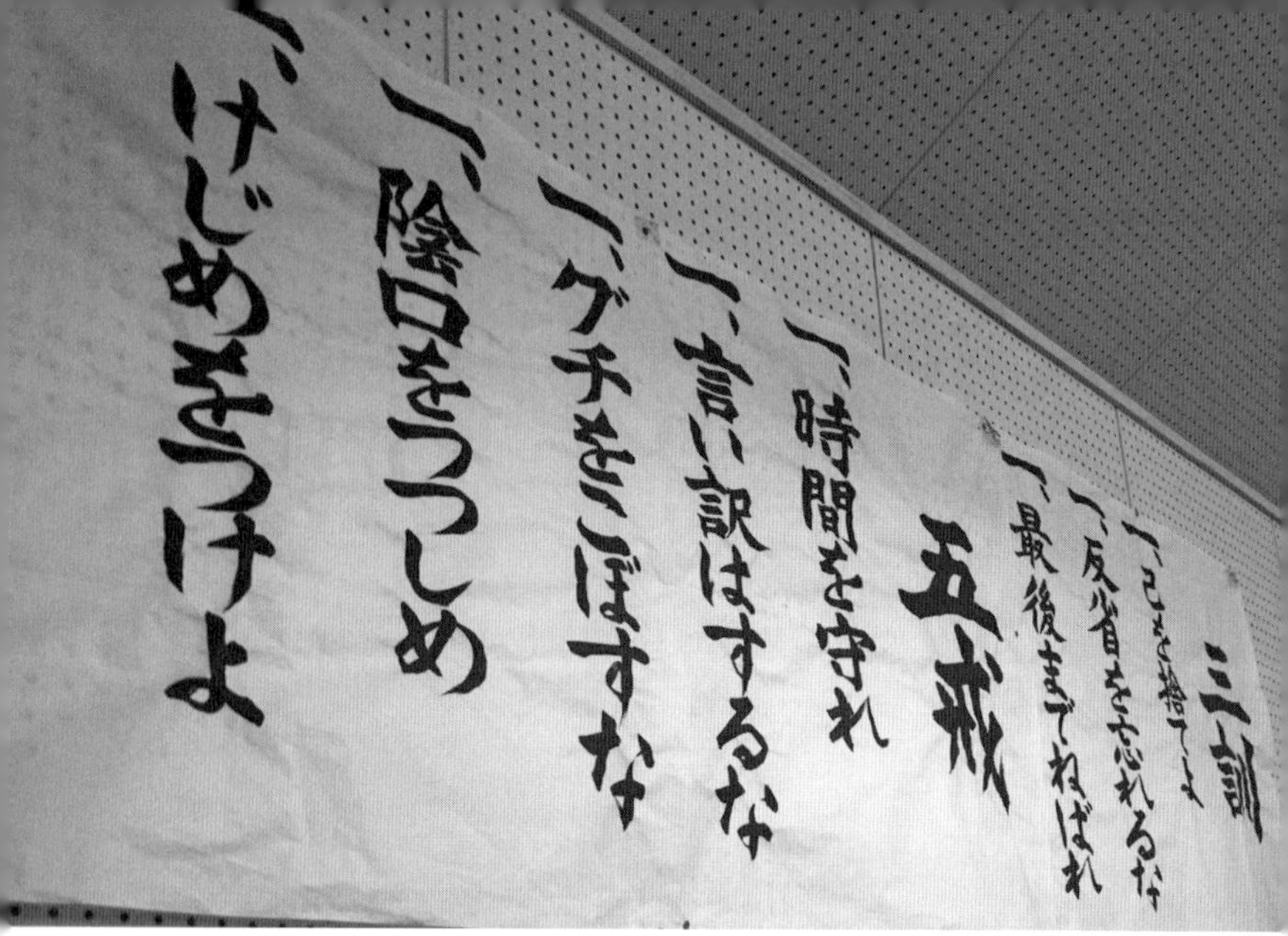
三訓
一、己を捨てよ
一、反省を忘れるな
一、最後までねばれ
五戒
一、時間を守れ
一、言い訳はするな
一、グチをこぼすな
一、陰口をつつしめ
一、けじめをつけよ

キ！」

先生に勝った部員は腰を下ろす。そして、最終的に負け残った男子部員が前へ呼ばれた。

「ええか？　大きな声で『三訓五戒』を読むんやぞ。お前の気合いで今日1日が決まるんじゃ。みんなも、足を肩幅に開いて、踏ん張る。腹の底から声を出すんじゃ！」

先生にうながされ、男子部員が壁に貼られた部訓『三訓五戒』を読み上げ、全員が復唱した。

「三訓！　ひとつ、己を捨てよ！」

「ひとつ、己を捨てよ！」

「ひとつ、反省を忘れるな！」

「ひとつ、反省を忘れるな！」

明るい声が音楽ホールに響く。前日はホール練習だったが、部員たちは今日も元気だ。『三訓五戒』が終わると、前日録音した自由曲をみんなで聴くことになった。

2019年の自由曲として稲生先生が選んだのは、クロード・ドビュッシーが作曲した《3つの交響的素描「海」より》。通称《海》と呼ばれるこの曲はもともとはオーケストラのための曲で、葛飾北斎の浮世絵に影響を受けて作曲されたと言われている。

部員たちは先生とともに自分たちの演奏を聴き、それぞれが気づいたことを楽譜やノートに書いていく。音楽が止まると、稲生先生がこう言った。

「音楽っちゅうもんは人と人を結びつけるんじゃやけど、技術力や基礎力がないとなかなか結びつかんな」

きっと先生は、今の自分たちに欠けていることを言っているのだ。

明誠学院では、全日本吹奏楽コンクールに向けて進んでいくA編成の55人のコンクールメンバーを「ばら」、もう一つのバンドを「もも」と呼んでいる。すでにオーディションは終わってばらの55人で練習をしてはいたが、先生が言うとおり、みんなが一つになれているとは言えない状況だった。

ミーティングは、パートごと、パートの学年ごとでも行われ、さらに「ばら」だけのミー

ティングも行われた。

壁にある日めくりカレンダーは「コンクール県大会まで13日」となっている。岡山県代表として中国大会に出場できるのは4校のみ。さすがにみんなも危機感を覚え始めているのか、ミーティングには真剣な表情が並んだ。

そんな中、部長でチューバ担当の「カゲ」こと影山裕太がこう語った。

「普通の、上手な演奏じゃつまらんよな。もっと熱量のある演奏がしたい」

静かに語りかける言葉に、みんなが聴き入った。

「3年にとっては最後じゃけんな。出し切る。頑張ろうや。『できる』『できん』じゃのーて、できることを、出す。みんなならできるよ」

その言葉を聞いて、「カゲもときどき良いことを言うな」と思う。

部長なのに、過去の先輩たちと違って話は上手じゃないし、ふざけていることも多い。一度、「あんたのやる気が見えんから、みんなやる気が出んのよ!」と叱ったこともあった。しかし、もうあのころのカゲではないのかもしれない。

そのとき、ふと目の前に、昨年初めて立った3500人を収容する巨大な名古屋国際会議場センチュリーホール——「吹奏楽の甲子園」と呼ばれる全日本吹奏楽コンクールのステージから見た光景が甦ってきた。

「もう一度、あそこへ行こう!」

3年生で金管リーダーを務める「ウノ」こと寺坂羽乃は、大きな瞳に力を込めた。

人付き合いは苦手でも、目指すは「夢のステージ」

実を言うと、ウノは人と協調して何かをするのが大の苦手だ。他人にはあまり興味がない。できることなら、人と関わらず、何事も自分だけでやっていたい。

大人数で活動する吹奏楽部には向いていない性格なのだが、それでもずっと続けてこられたのは、定期演奏会など本番をやり切った後に残る満足感、コンクールで良い成績が得られたときの喜びのためだった。

不思議なことに、ウノは人と話し合ったり一緒に行動したりするのは苦手でも、みんなで音楽をつくりあげることは大好きだった。音楽を通じてならコミュニケーションできる。

金管リーダーになってしまった今、ウノは少し無理をしてみんなの前に立ち、話をしたり指示を出したりしている。

「自分が萎えてたら、みんなも萎えるやろうな」

そう思うから、前に立つときはなるべく明るくしている。

昨年、ウノは高2で初めて「ばら」になり、トランペットパートの一員として全日本吹奏楽コンクールを目指すことになった。

中国大会の前日、「もも」が「ばら」の壮行会をしてくれた。そのときのことをウノは自分のノートに書き残している。

稲生先生が泣きながら言って下さった〃お前らここまでよくがんばったな。ついてきてくれたな〃（中略）その言葉がずっと忘れられなくて。（中略）夢のステージがかかってる中国大会までつれてきてくださった先輩方への感謝と、来年も絶対中国大会まで進んで、夢のステージへのきっぷをもらって、自分たちの音楽をしたいと強く思った。

その後、明誠学院は全日本吹奏楽コンクールに出場。ウノも初めて「夢のステージ」でトランペットを吹いた。

自由曲はベルリオーズが作曲した《「幻想交響曲」より 第5楽章》。ウノは演奏しながら、ステージから見るセンチュリーホールの光景を目に焼き付けた。そして、祈った。

「来年もここに来られますように……」

審査の結果、明誠学院は銀賞を受賞した。

先輩たちが引退し、ウノたちの代が最高学年になった。

ウノは金管リーダーになり、部長のカゲたちとともに吹奏楽部を引っ張っていくことになったが、やってみて初めて「先輩たちのようにはうまくできない」ことに気づいた。まず、リーダーたちがうまくまとまらなかった。

ウノはこう書いている。

新体制が始まって、去年の先輩方に少しでも近づきたいと思い、リーダーで話し合ってはぶつかって、話し合ってはぶつかっての繰り返しで。(中略)何もうまくいかなくて、学校行きたくなくて泣いてた時もあったけど、そんな時、明るく話しかけてくれる部員や寄りそってくれる友達、気にかけて下さる先生方や先輩がいてくれるから、今の自分がいるんだと思います。

人付き合いが苦手なウノだけに、部内で人間関係がうまくいかないことへの悩みは大きかった。自分自身のリーダーとしての資質も、悩みのうちの一つだった。

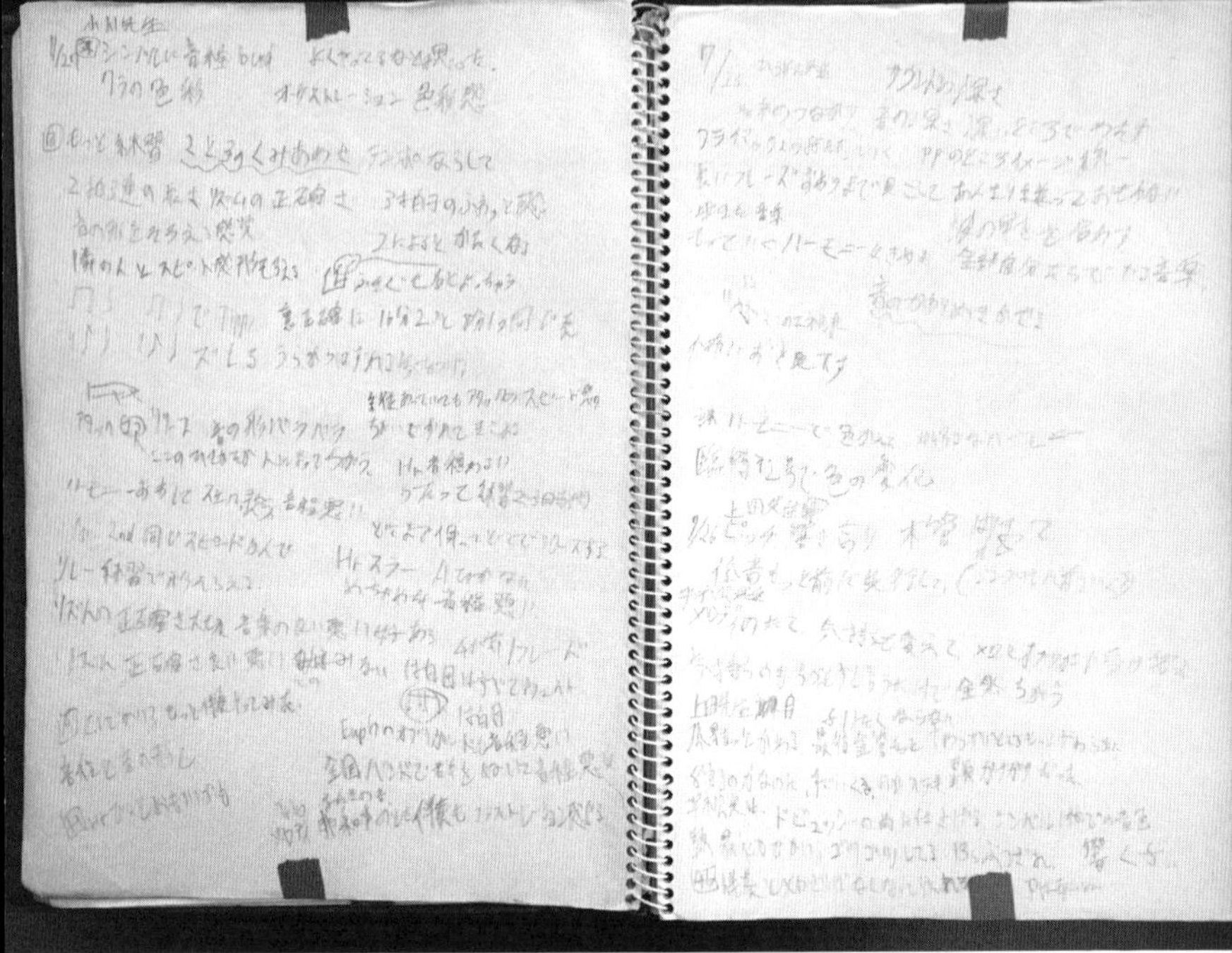

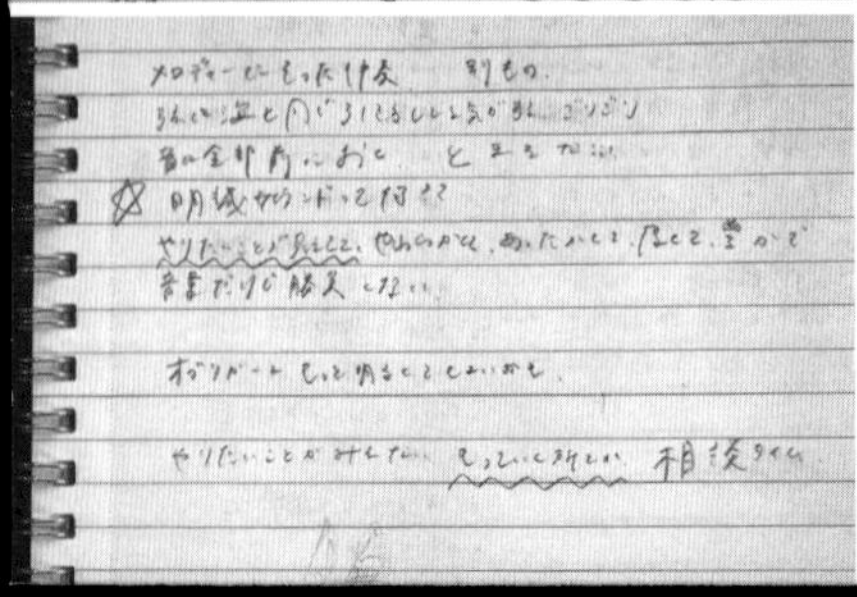

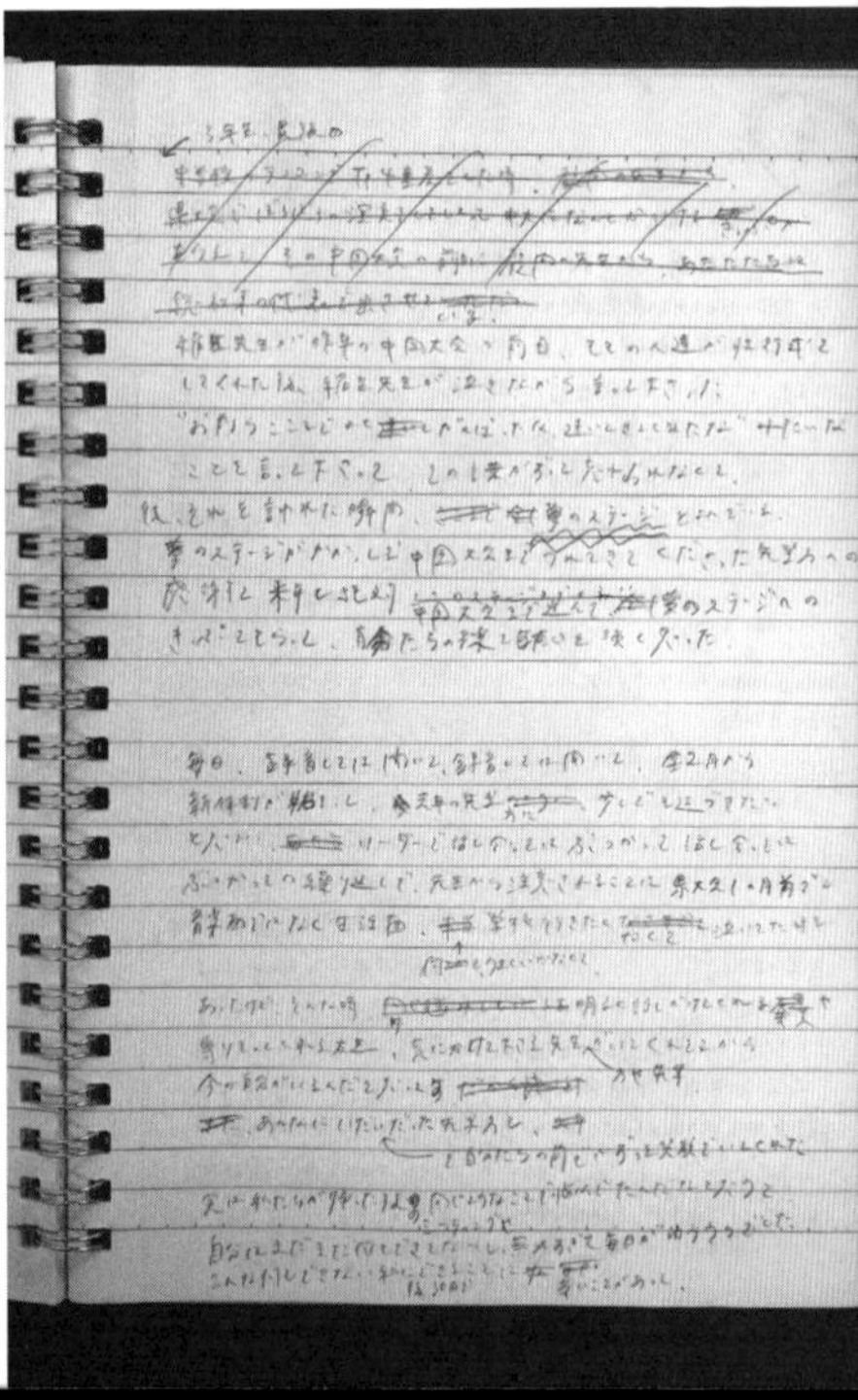

マーチ「エイプリル・リーフ」 

夢の舞台 健と共に 立つぞ!!

A 熱い MUSIC 奏でたい みんな心を1つに
DREAM 七夕に 込めた あの思い

B Over the rainbow 空高く 架け橋を作ろう
みんなで手をつないで 渡ろう 虹の橋を

C 辛くて 泣きたくなる日は 君が側にいてくれたね

D みんなで誓った「必ず戻ってくる」と

E 行くぞ 夢の舞台 さあ 目指す場所 名古屋!!

F 手羽先を食べに行こう 味噌カツも食べよ
いのちんと91人で 奏でる ハーモニー いのうのたけし

G どこまでも 続く空のように 限りなく広い海のように
僕らは「自然」に生きてる 生かされている
この広い地球の上で

H 掴んだ 4度目の夢を 伝えよう 感謝の音楽
ライトに照らされた本番 迎え
海を超え 伝説になろう!!

I 勇気 やる気 元気 笑顔

J 緑のユニフォーム 我ら 明誠学院
令和

K 元年 魂を燃やし 支部カップに名を刻むのさ
One Hand, One Heart 手と手を取り合い心

L ひとつにしやるしかない 今しかない 夢はそこに
舞台へ 駆け抜けて

M 輝く夏 私達の笑顔で 乗り越えよう!! 明誠

昨日も稲生先生から同じこと言われてました。0からのスタートです。
なーんも変わってない。明るくもしたいです。ずーんって感じ。重い。入りも。
ちょっとだけでもパートで変えてきてくれるのかと思ってました。
期待してたけども、私の分奏のやり方と言い方が心に残らないんですよね。

特に、同級生の3年生が難しかった。自己主張の強い部員が多く集まったため、よく言い合いになり、雰囲気も良くなかった。誰もが不満を抱えていることは、言わなくても態度に出ていた。

そこで、部長のカゲの発案で「言いたいことを言う会」を2日間行った。大事な練習の時間を使うことに、稲生先生は理解を示してくれた。そして、みんなで泣きながら言いたいことをぶつけ合った。

部員がバラバラになってしまうのではないかという不安もあった。しかし、「言いたいことを言う会」の後、不思議と空気が良くなった。まるで、閉ざされていた窓が大きく開け放たれ、新鮮な風が吹き込んできたかのように。部員たちはお互いを受け入れられるよ

うになり、重かった雰囲気も明るくなった。
しかし、それだけですべてが解決され、コンクールへの準備が整ったわけではなかった。次に待っていたのは、音楽的な問題だ。
明誠学院は毎年6月下旬、同じ岡山県の津山市で「グッドウィルコンサートｉｎ津山」という演奏会を行なっており、そこでその年の自由曲を初めてお披露目するのが恒例になっていた。しかし、２０１９年は稲生先生が部活に顔を出せないことが多く、自由曲《海》が例年ほど仕上がらないまま本番当日を迎えてしまった。
稲生先生が指揮台に上がり、演奏が始まった。しかし、先生のエネルギッシュなタクトに対して、「ばら」のメンバーの演奏は不安げ

で、頼りなく、ミスも頻出した。

「どうしよ、大丈夫やろか……?」

ウノはみんなの演奏にも、自分自身の演奏にもハラハラした。挙げ句の果てには、演奏が途中で止まりそうになる場面もあった。最悪の演奏になってしまった。

津山でのコンサートが終わり、学校に帰ってきたのは午後7時過ぎだったが、部員から志願してそのまま反省会をした。

「頑張ろうや！　やるしかねーじゃろ！」

みんなを鼓舞するようにカゲが言った。

ウノも「このままじゃと、やばいよ！」と声を大にして言いたかった。昨年経験した、あの「夢のステージ」に帰れなくなってしまう。

けれど、敢えて「やばい」とは言わないことにした。みんなの表情を見ていて、それぞれが「やばい」と感じていることがわかったからだ。

津山の反省を生かしましょう

翌日、ウノはノートにそっと書いた。
今は人間関係や音楽がまとまっていなくても、きっとみんなならやってくれるはず——
ウノはそう信じていた。

課題曲の練習は「泥だんご作り」

カゲは、みんなの投票で部長に選ばれた。
強豪校の部長だからと言って特別にプレッシャーを感じたりしていないし、「とにかく、やるしかない」と思っているだけだ。

部のリーダーとして何より大変なのは、ウノが感じているのと同じように人間関係だ。部員同士でぶつかり合いがあったときは、自分が出ていって、とにかく双方の言い分を聞くようにしている。

「言い合うのも大事だけど、聞き合うことも大事」

カゲはそう思っている。人から自分の欠点を指摘されたとき、素直に受け入れることで成長できるし、人間関係も良くなる。ただ、ようやくコンクールモードに入ってきた今の明誠学院では、まだそこまで到達できている部員は多くない。

「もっと上手にしゃべれんの？」

カゲ自身、他の部員からそう指摘されたことがある。しゃべりは苦手だ。しゃべれないのではなく、考えをまとめて、わかりやすくしゃべることがなかなかできない。自分自身もわかっているから、少しずつでもうまくしゃべられるようになろうと考えている。ウノに「あんたのやる気が見えん」と叱られたときも、反発せずに素直に認め、ウノに気合いを入れてもらったと思うようにした。

みんな、もっともっと良くなるし、もっともっと音楽的にも人間的にも成長できるとカゲは信じている。そのためには、自分たちリーダーの言動がカギになる。

「責任は自分に求めよ！」

稲生先生が言っていた言葉だった。そのとおりだと思う。うまくいかないとき、誰かのせいにするのではなく、自分に責任を求めていこう。

明誠学院では、入部したときに全員が青いスクラップブックをもらう。コンクールで演奏する曲の楽譜を貼り付けるためのもので、3年間使い続ける。

カゲのスクラップブックは、もうボロボロだ。

空いているページには、先生から受けた指摘が書き殴られている。実は、書いてあるのはカゲが吹いているチューバのことばかりではない。むしろ、他パートやバンド全体のことのほうが多い。よく先生が、他のパートの指摘やアドバイスは、自分たちの音楽にも関係しているから、参考にし、自分たちに生かすようにと言われている。だから、「みんなの分も、とにかくメモっておこう」と書いているのである。

気持ちの持ち方　少し言うだけで全然違う

8割の力なのに、すごくくるのがステキ

全国バンドで群をぬいて音程悪い

読み返してみて、「まだまだ課題は多いな」とカゲは思う。

1ページめくってみる。と、そこにはちょうど1年前にメモしたページが現れる。カゲはときどきそういう過去のメモに目を通す。

演奏するんじゃなくて音楽する

音符がみえると養える

音楽に熱

合わせるけど一人一人発信する

過去の言葉に改めてハッとさせられることがある。今とまったく同じ課題が書かれていることもある。一方、すでにクリアした課題を見つけたときは、「成長できたんだな」と実感できるのだ。

ときには、先生たちに言われた言葉ではなく、カゲ自身の言葉が他の部員に影響を与えることがある。ウノのノートには大きな文字でこう書かれている。

どろだんごーー!!!作り。

これはカゲがミーティングで話したことだった。

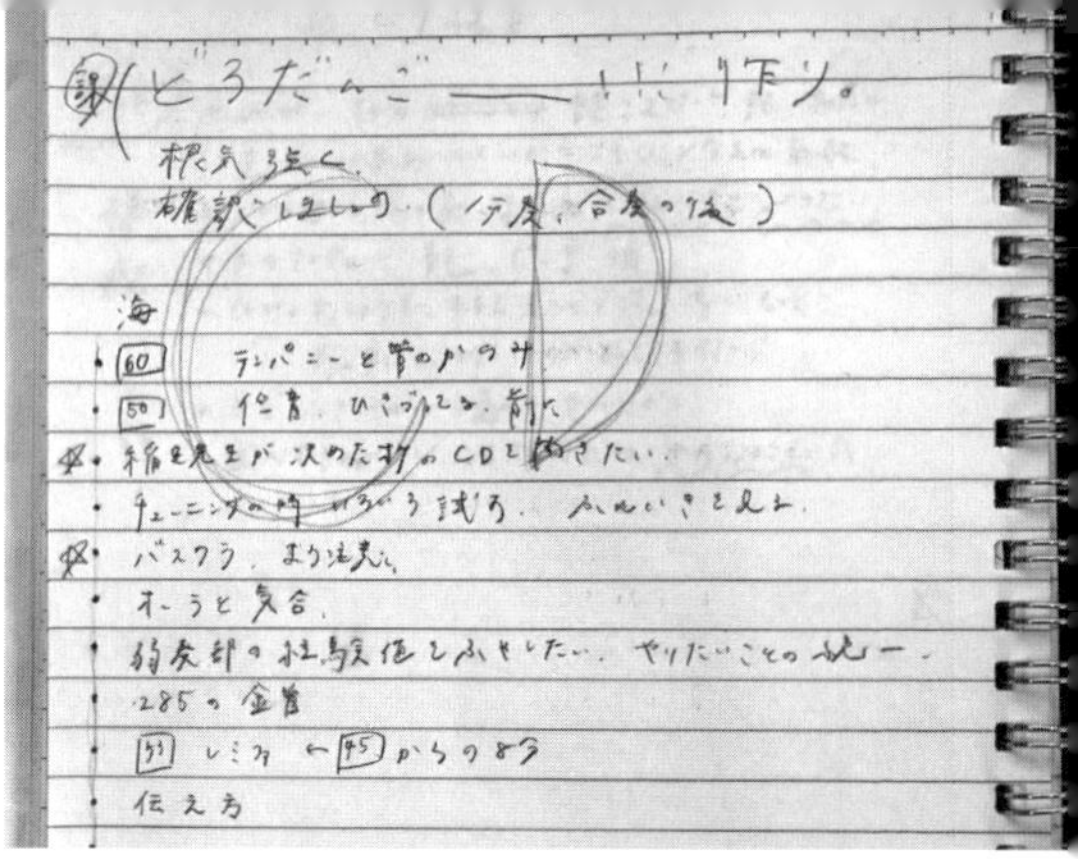

「保育園のときな、赤土を固めた泥だんごをひたすら磨いてピカピカにしたんよ。俺たちの演奏する課題曲は、今はただの泥の塊《かたまり》かもしれんけど、根気強く磨いて、ピカピカの泥だんごにしょーや」

そのたとえ話が、ウノや部員たちの心に刺さったのだ。

吹奏楽の夏——本格的なコンクールシーズンがいよいよ始まり、岡山県大会は13日後に迫っている。中国大会は26日後だ。カゲもウノと同様に、昨年初めて全日本吹奏楽コンクールの舞台に立った。銀賞という結果を聞いたとき、カゲの心はすでに次の1年に向かっていた。

「やっぱ、なかなか金賞はとれんもんじゃやな」

だからこそ、自分たちの代で明誠学院の金賞をとりたいと思った。稲生先生は津山市立津山西中学校や津山市立北陵中学校を率いて何度も金賞を受賞している。しかし、明誠学院に来てからは、まだ金賞がない。

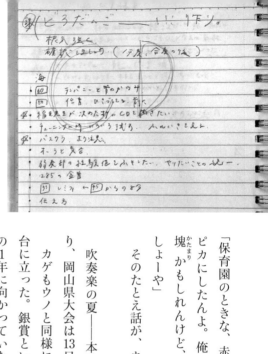

「尊敬する稲生先生に金賞を！」

カゲはそんな熱い思いを秘めている。

7月下旬という今の時期は、とかく練習の空気が重くなりがちだ。しかし、「成功や喜びのイメージを持つことで、現実の成功を引き寄せよう」という考えから、ときどきみんなで中国大会のシミュレーションをしている。

演奏、記念撮影、楽器の片付け、客席での他校の鑑賞……といったコンクールでの一連の流れを想像する。そして、表彰式。カゲと副部長が前に出る。まずは、アナウンス役を担当する部員が「明誠学院高等学校、ゴールド金賞！」と言う。やや控えめな歓声と、拍手。

その後、「それでは、全国大会に推薦する団体を発表します」とアナウンス役が言う。シミュレーションなのに、部員の間に緊張が走る。

「明誠学院高等学校！」

学校名の最初の「め」だけでギャーと歓声が上がる。カゲも思わずガッツポーズをする。コンクールでは、代表者は冷静に振る舞うのが通例となっているが、カゲは本番でも同じように喜んでしまいそうな気がしている。

こうして全国大会出場決定のポジティブなイメージをみんなで共有することで、前向き

平成三十年度
平成二十五年度
優勝
平成元年度

に練習に取り組むのだ。

明るい表情になった部員たちを見ていたカゲの目に、ふと音楽ホールの片隅に置かれたものが映る。それは、中国代表の3校だけが受け取れる代表杯だ。かつてはキラキラと輝いていただろうカップは、時代を経て鈍い色に変わっている。

ここ3年、代表杯はずっと明誠学院の音楽ホールにあった。それを、中国大会の前日、吹奏楽連盟に返還することになっている。

「絶対、またここに持って帰ってくるけぇ」

カゲの心の「熱量」が増した。

双子の兄弟が迎える「ラスト・コンクール」

バンドの花形で、エースプレイヤーとも言えるのが、トランペットの1stトップ奏者。2019年の明誠学院のトップを務めるのは3年生の「ヨシキ」こと太田彬貴だ。

ウノは今年、課題曲も自由曲もヨシキのすぐ隣で吹くため、演奏するときのヨシキの様

子がよく観察できた。いや、入部してからずっと同じパートでやってきたのだから、すでにわかっていることではあったのだが、本番のときのヨシキはいつもかなり緊張する。

「私まで緊張したらいけん……」

そう思うことで、ウノは逆にリラックスでき、音でヨシキを支えるようにトランペットを吹いていた。

今回、自由曲の《海》にはヨシキの目立つソロがある。トランペットは音を外しやすい楽器であるし、ソロが成功するかどうかはバンドの音楽全体にも大きな影響を与える。そのプレッシャーがわかるから、ウノはソロ以外の一緒に吹くところでは「ヨシキくんが少しでも楽に演奏できるように」と練習を重ねた。

そんなヨシキのことをウノ以外にも応援しているメンバーがいた。ヨシキの双子の弟、「ユウキ」こと太田悠貴だ。パーカッション担当のユウキは、担当する楽器や曲によってはヨシキのすぐ後ろの位置で演奏することがある。

「ヨシキは演奏でミスると落ち込むけん、僕が後ろから打楽器で少しでもカバーしよう。ソロのときは、自分も一緒に吹いてるつもりで応援しよう」

ユウキはいつもそう思いながらヨシキのピンと伸びた背中を見つめ続けてきた。

小学校3年で一緒に吹奏楽部に入ってから、お互いに支え合いながらここまで歩んできた。ときには演奏の仕方などで意見が対立することもあったが、クールで落ち着いているヨシキと人なつこいユウキは仲の良い兄弟だった。

中学時代はコンクールで中国大会まで進出した。「高校は別々のところへ」と思っていたが、二人の姉が明誠学院のOGだったことも手伝って、気づけば二人とも明誠学院に入っていた。

高校1年のとき、ヨシキは「もも」だったが、ユウキは「ばら」になり、初めて全日本吹奏楽コンクールに出場した。

二人して憧れていたステージにひと足先に立ったユウキだったが、そこに待っていたのは重く深い孤立感だった。明誠学院高校吹奏楽部の代表、いや、中国支部の高校の代表として出場するという重さ。全国大会ならではの緊張感。ステージはライトでまぶしく照らされ、その一方で客席は暗く沈んでよく見えない。

「ホールに飲み込まれそう……」

ユウキは襲いかかってくる恐怖と戦いながら打楽器を演奏した。

高2では、兄弟そろって「ばら」になった。初めての全国大会を前に、ヨシキは経験者のユウキに尋ねた。

「センチュリーホールってどんな感じ?」

「目の前に黒いカーテンがかかってる感じかな」とユウキは答えた。

ヨシキは実際に本番のステージに出てみて、ユウキが言っていた意味がわかった。センチュリーホールは今まで経験したホールよりも横に広く、客席が薄暗くて、深い。ヨシキは脚が震えた。

演奏中は緊張のせいで目立つところで音をひとつ外してしまった。

ユウキのほうは「去年はビビってしもーたけん、今年はやってやろう!」と気合いを入れて臨み、力を出し切ることができた。

審査結果は銀賞。みんなと分かれて帰宅する道すがら、二人は「来年は頑張ろうな」と語り合った。

今、音楽ホールの壁には、まるで七夕で願い事を書いた短冊のように、部員一人ひとりの目標を書いた紙が貼られている。

伝わる音楽をする

それがヨシキの目標だ。

自由曲《海》では、音楽の場面に応じて、荒れ狂う海、神秘的な海……など異なる海の表情を表現したいと思っている。また、自分たちがこれまで積み重ねてきた時間、ぶつかり合いながらも少しずつ溶け合わせてきた思いも伝えたい。

ユウキのほうは、こんな目標を書いている。

深い音を出す

たくさんの音を研究する

課題曲ではスネアドラムを担当するが、1年のころから「音が軽い」「音に芯がない」と言われ続けてきた。それを克服するため、ときには居残り練習をしながら「深い音」を追究してきた。

最近、「音の粒が聞こえるようになってきた」と先生に言われた。嬉しかったが、まだまだ先がある。全国大会に出場し、あの大きなセンチュリーホールで「明誠のスネア、めっちゃ聞こえてきた」と言われるのが目標だ。

また、音楽の先生に「打楽器は場面に応じた音が出せるといい。温度や湿度も表現できるんじゃないか?」と言われたことも心に残っている。だから、「たくさんの音を研究」し、表現力もつけていきたい。

自由曲は舞台下手《しもて》のハープと、ひな壇最後列のシンバルを行き来して演奏する。どちらの楽器もここぞというときに響く。昨年以上に「やってやる!」という思いを強く持っている。

ヨシキとユウキはどこかで予感をしている。

もしかしたら、二人で一緒に演奏できるのは今年のコンクールが最後になるかもしれない、と。

生まれてから、いや、生まれる前から今までずっと一緒だった。吹奏楽を始めてから10年。それぞれに「もう吹奏楽をやめよう」と思ったこともあったが、お互いに支え合い、励まし合いながら続けてきた。

けれど、高校を卒業したら、おそらく別の道を歩んでいくことになるだろう。

高校生活で最後のコンクールは、二人で演奏できる最後のコンクールでもある。

二人には、共通の信念がある。

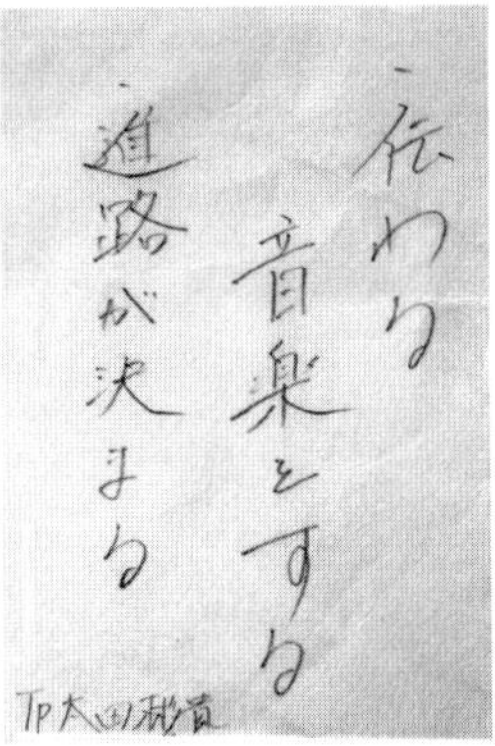

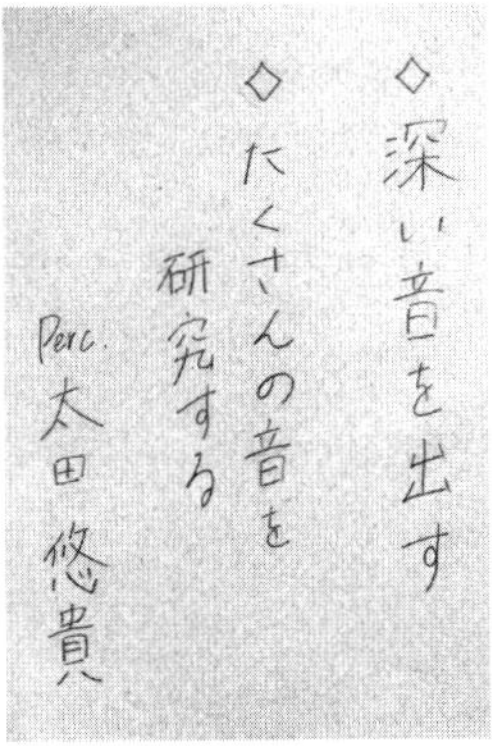

「コンクールでは、全国大会や賞にこだわるよりも『名演』と呼ばれる演奏をしよう。そうすれば、きっと結果はついてくる」

実は、カゲやウノも似た考えを持っていた。

ウノはカゲがこんなことを言っていたのをよく覚えている。

「もし全国大会にいけんでも、《海》で『伝説』の音楽ができたら、それでええんじゃね？」

そう思えるカゲを、ウノはすごいと思った。自分もそれには賛成だ。

ただ、ウノはやはり全国大会に行きたかった。

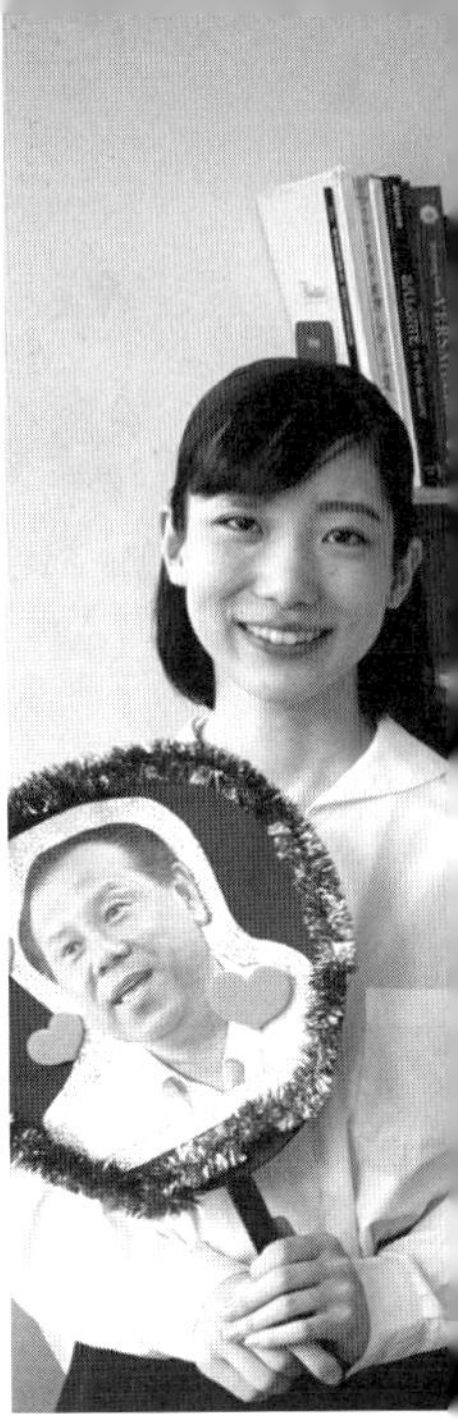

「なんで私は全国大会に行きたいんだろ？」

そう自問してみた。

勝ちたいわけではない。名誉が欲しいわけではない。では、なぜ――？

それは、ユニークな稲生先生、いろいろあるけど大好きなみんなとともに奏でる明誠サウンドを日本中の人たちに知ってもらいたい、聴いてもらいたいから。

だから、私は全国大会を目指す！

本番まで、時間はまだある。しかし、それは決して止まらないし、過ぎ去ってしまえば決して戻ることはない。

青春の日々の足音を感じながら、部員たちは練習を続ける。

名演、伝説、自分たちの音楽――一人ひとりの思いを重ね合わせ、明誠学院は吹奏楽コンクールという広大な「海」への船出のときを迎えようとしていた。

【全日本吹奏楽コンクールまで、あと83日】

明誠学院高等学校吹奏楽部（岡山県）

岡山県岡山市にある私立の共学校。1997年まで女子高だった。2001年新生明誠学院高等学校吹奏楽部としてスタートし19年目になる。部員数は91名。過去、全日本吹奏楽コンクールに10回出場。プロ奏者も多数輩出している。

稲生健先生

1965年生まれ。岡山県出身。現在はライバル校となっている岡山学芸館高校(当時は金山学園高校)出身。中学時代は3年間野球部に所属し、高校ではバストロンボーンを担当。担当教科・音楽。

No. 02

Date 2019.8

ひとりひとり、青春の花を咲かせて

埼玉県立伊奈学園総合高等学校吹奏楽部（埼玉県）

同校1期生で吹奏楽部初代部長でもあるレジェンド・宇畑先生のもとで連続21回目の全日本吹奏楽コンクール出場を目指す伊奈学。勝負の西関東大会を前にして、部員たちはオーディションという試練を受けることになった——。

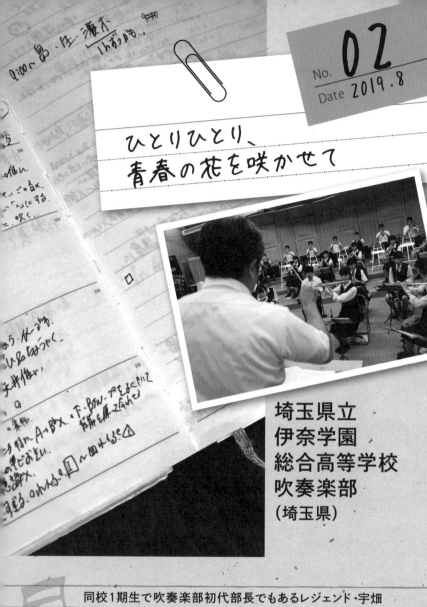

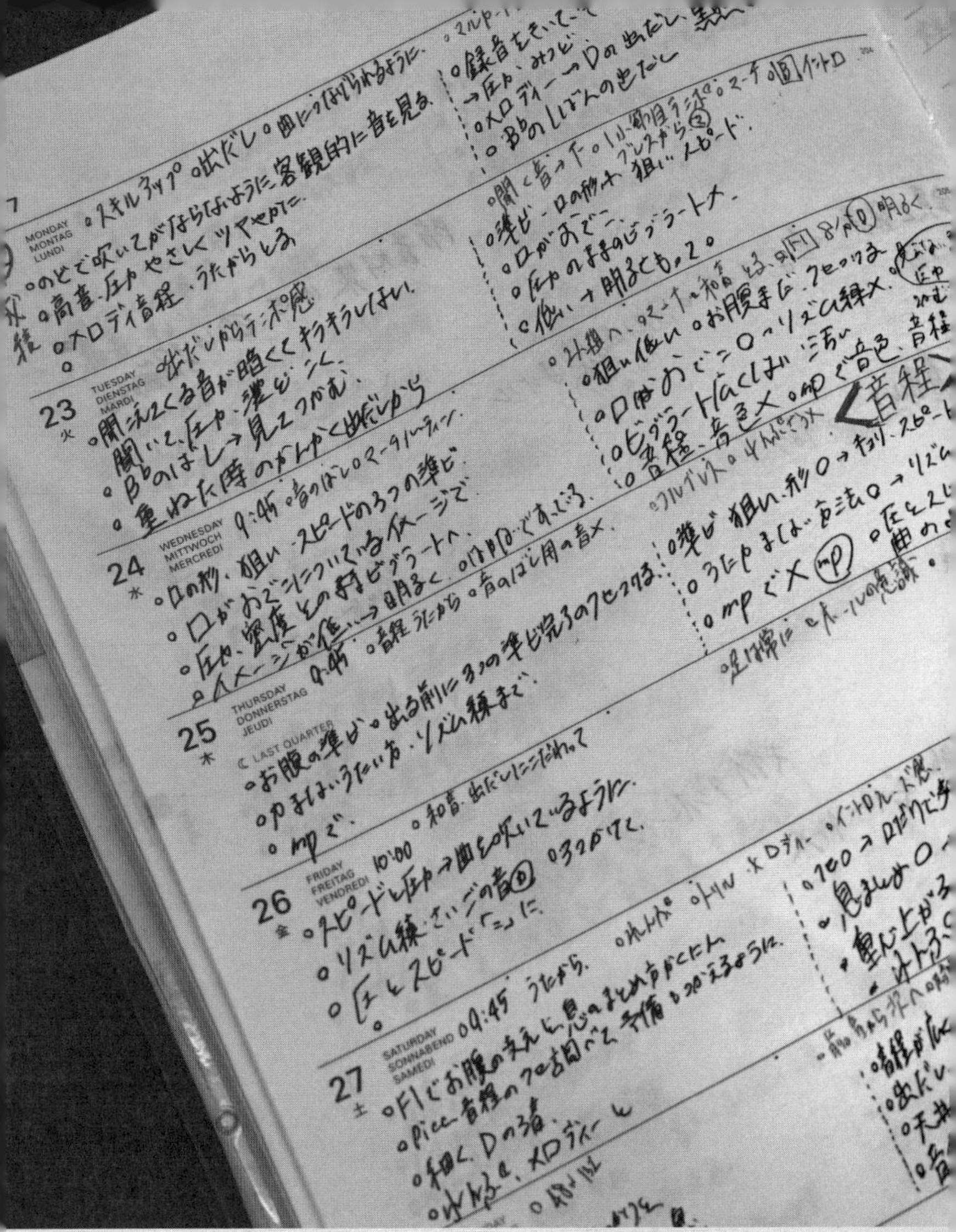

須賀美月さん
(3年生・
パーカッション)

竹内雪乃さん
(3年生・
オーボエ)

灼熱の部内オーディション

人数の多い吹奏楽部の部員たちにとって一番のプレッシャーなのは、コンクールの本番ではなく、コンクールに出場するメンバーを選ぶ部内オーディションだ。

オーディションで選ばれなければコンクールの舞台に立つことができない。しかも、競い合う相手は同じ部活の仲間なのだから——。

埼玉県立伊奈学園総合高校吹奏楽部、通称「伊奈学《いながく》」は同じ埼玉県内の埼玉栄高校や春日部共栄高校と並んで「西関東の御三家」と呼ばれ、西関東支部（埼玉県・群馬県・新潟県・山梨県）を代表する吹奏楽の強豪高校である。

1995年に全国大会に初出場して以来、2018年ま

で20回連続出場（かつて存在した3回連続で全国大会に出場すると翌年に出場権がなくなる「三出休み」を除く）を継続中。金賞は15回を誇る。付属の伊奈学園中学校と合わせて約300人という部員数は全国でも最大規模だ。

そんな伊奈学が21回目の全日本吹奏楽コンクール出場を目指し、約3週間後の西関東大会に向けてコンクールメンバーを決めるオーディションを行った。

伊奈学では、300人の部員はコンクールに出場する55人の「ウィンド・アンサンブル」、全日本マーチングコンテストを目指す「マーチングバンド」、コンクールD部門や各種コンサートに出演する「コンサートバンド」の3チームに分かれて活動している。

「どれが一軍というわけではない。一人ひとりがそれぞれのバンドで花を咲かせられるように活動する」

それが宇畑先生のポリシーだ。


灼熱の太陽が照りつけた2019年、夏。

気温が38度まで上がった8月中旬の午前、伊奈学ではオーディションが行われた。

3年のオーボエ奏者で、日々の練習や本番に向けてのスケジュールを管理するマネージャーでもある「ユキノ」こと竹内雪乃は、複雑な思いでオーディションに臨んだ。

伊奈学では、吹奏楽コンクールに挑むにあたって、まず6月に1回目のオーディションを行う。ウィンド・アンサンブルを希望する部員が集まり、人数が超過したパートはメンバー選別のオーディションを、それ以外のパートはソロなどを担当するトップ奏者を選ぶオーディションを行う。覆面審査で、選ぶのは部員たち自身だ。

そこで選ばれたメンバーが、8月5日の地区大会でのシード演奏（前年に全国大会に出場したため）と10日の県大会に出場する。
すでに伊奈学は県大会で代表に選ばれており、次は西関東大会だ。このタイミングで西関東大会、そして、それを突破した先にある全国大会で演奏するメンバーを決めるのが、この日の2回目のオーディションだった。つまり、それが最終決定となる。
オーディションは、県大会までのメンバーとの入れ替えを希望する部員がいるパートのみが行われる。オーボエは希望者がいなかったため、ユキノはオーディションの対象にはならずにホッとした。
希望者がいたパートでは、現メンバーと希

望者が課題曲・自由曲を一人ずつすべて吹き、他のメンバーが審査する。

「心を鬼にして、オーディションのときの演奏だけで判断するように」

宇畑先生にはそう言われていた。

オーディションの演奏が終わると、演奏した者は外に出て、残ったメンバーで挙手によるジャッジが行われた。伊奈学は部員同士の仲がいい。それだけに、仲間を厳しく審査しなければならないことは、ユキノには「きつい」と感じられた。

オーディションの結果、入れ替わりがあったのはユーフォニアムとチューバだった。

ユーフォニアムでメンバーを外れたのは2年生。ユキノが「ビブラートがきれいにかかっててうまかったよ」と慰めると、「ありがとうございます。コンクール頑張ってください」という答えが帰ってきた。

チューバでメンバー外になったのは3年生だった。ユキノは「お疲れ様……」としか声をかけることができなかった。

二人とも、泣いていた。

6月のオーディションの時点で涙をのんだ3年生もいる。

「みんなのためにも、頑張ろう、絶対に！」

ユキノはそう思った。自分たちにできることは、それくらいしか、ない。

悔しさと涙が教えてくれたこと

ユキノ自身、オーディションには苦い思い出もあった。

ユキノは伊奈学園中学校からの内部進学生。吹部生活も6年目だ。高校3年でバンドを選ぶときに迷った。受験を考えると、コンクールが地区大会のみで終わるコンサートバンドがいい。しかし、ユキノは2年生からオーボエのトップ奏者を務め、今年も活躍が期待もされていた。

昨年、ユキノはオーディションで初めてウィンド・アンサンブルのメンバーに選ばれただけでなく、トップ奏者にもなった。

しかし、埼玉県大会では大事なソロの最初の音が「カスッ…」と抜けてしまい、「まじ終わった……私のせいで落ちた……」と思い込んで演奏後に号泣した。西関東大会でもうまく吹けず、全国大会になってやっと満足のいく演奏ができた。

3年生に進級するとき、岐路に立たされた。

「クラスの子たちはもう受験モードだし、私も国立大を目指すなら早めに勉強に専念したほうがいいのかな？」

迷っているユキノに、宇畑先生がこうアドバイスしてくれた。

「自分が必要とされているところで頑張ったらいいんじゃないか？」

その言葉で吹っ切れた。

「中学からずっとやってきたんだし、最後までやり切ろう！」

ところが、予想外のつまずきを経験した。

伊奈学では毎年5月に定期演奏会を行なっており、そこでコンクールの課題曲を演奏す

る。そのために暫定的なオーディションで55人の演奏メンバーを選ぶのだが、ユキノは同じパートの2年生に負け、トップ奏者の座を譲り渡すことになってしまったのだ。

それを決めたのは仲間たちの挙手だったこともショックだった。

「初めて負けた……それも、後輩に。今年は3年で、マネージャーとしてもみんなを引っ張る立場なのに、トップになれなかったなんて。どうしよう……」

涙がこみ上げてきた。

オーボエに続いて他パートのオーディションも行われていったが、ユキノはずっとあふれ出る涙を拭っていた。

定期演奏会の当日には、ユキノの悔しさがピークに達した。

伊奈学が選んだ課題曲《マーチ「エイプリル・リーフ」》は、オーボエのソロはなく、トップになった後輩と2人で同じ楽譜を吹く。演奏上で差はないが、座り慣れたもっとも客席に近いトップの位置には後輩がいて、自分はひとつ内側の席だ。それだけのことが、た

まらなくつらかった。

「ダメだ、私、気持ちが死んでる……」

当日、後輩とは目も合わせられず、言葉も交わせなかった。最高学年らしからぬ自分の態度に、嫌悪感が募った。

そして、気づいた。

昨年、自分にトップの座を譲った先輩はいったいどんな気持ちだっただろう。その先輩は感情を表に出さない人だったけれど、きっと今の自分と同じ悔しさを抱えていたに違いない。もしかしたら、誰も見ていないところで泣いていたかもしれない。「後輩に気をつかわせてはいけない」という配慮もあったのかもしれない。

「先輩はなんて偉大だったんだろう！」

ユキノは改めて尊敬の念を抱き、先輩に感謝した。

また、先輩を差し置いてトップの座についたときの複雑な気持ちも思い出した。嬉しさと申し訳なさ、プレッシャー……様々な感情が絡み合ったあの気持ちを、きっと今、後輩も感じているのだ。

「今の私は良くない。明日から、もう一度立て直そう！」

ユキノは反省し、前を向いた。

書き出した課題との戦い

後輩にトップを譲ることになった原因は分かっていた。

マネージャーになったことで、自分の練習時間をうまく確保することができなかったのだ。マネージャーの仕事を続けながら、オーボエ奏者としても今以上に力をつけるにはどうしたらいいか。6月のオーディションでトップの座を取り戻すにはどうしたらいいか。

そんなときに役立ったのが、ノートだった。

伊奈学では、部員たちは各自ノートを用意している。練習の最初のミーティングで近くにいる人と3人ずつグループを作り、その日に自分がクリアすべき課題をノートに書いてそれぞれ発表する。そして、練習の最後のミーティングでは、リーダーからの「今日の反

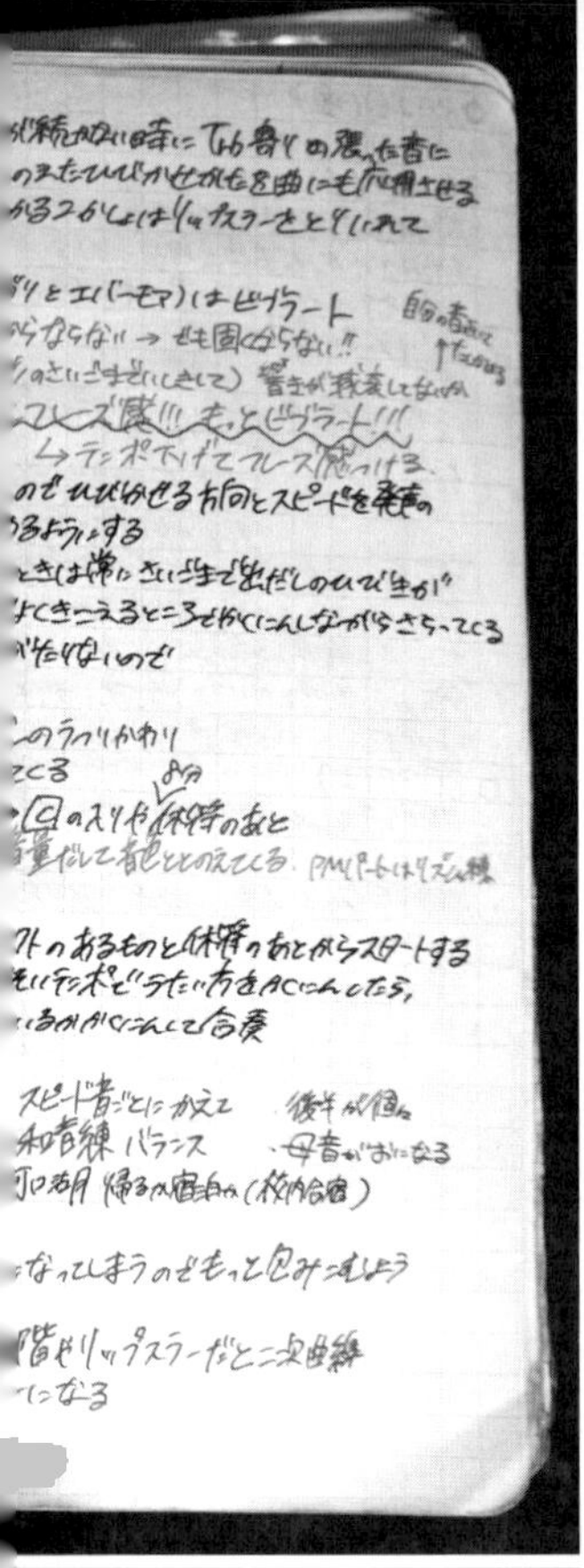

スピード音ごとに変えて　後半が個々
和音練 バランス　母音がおになる

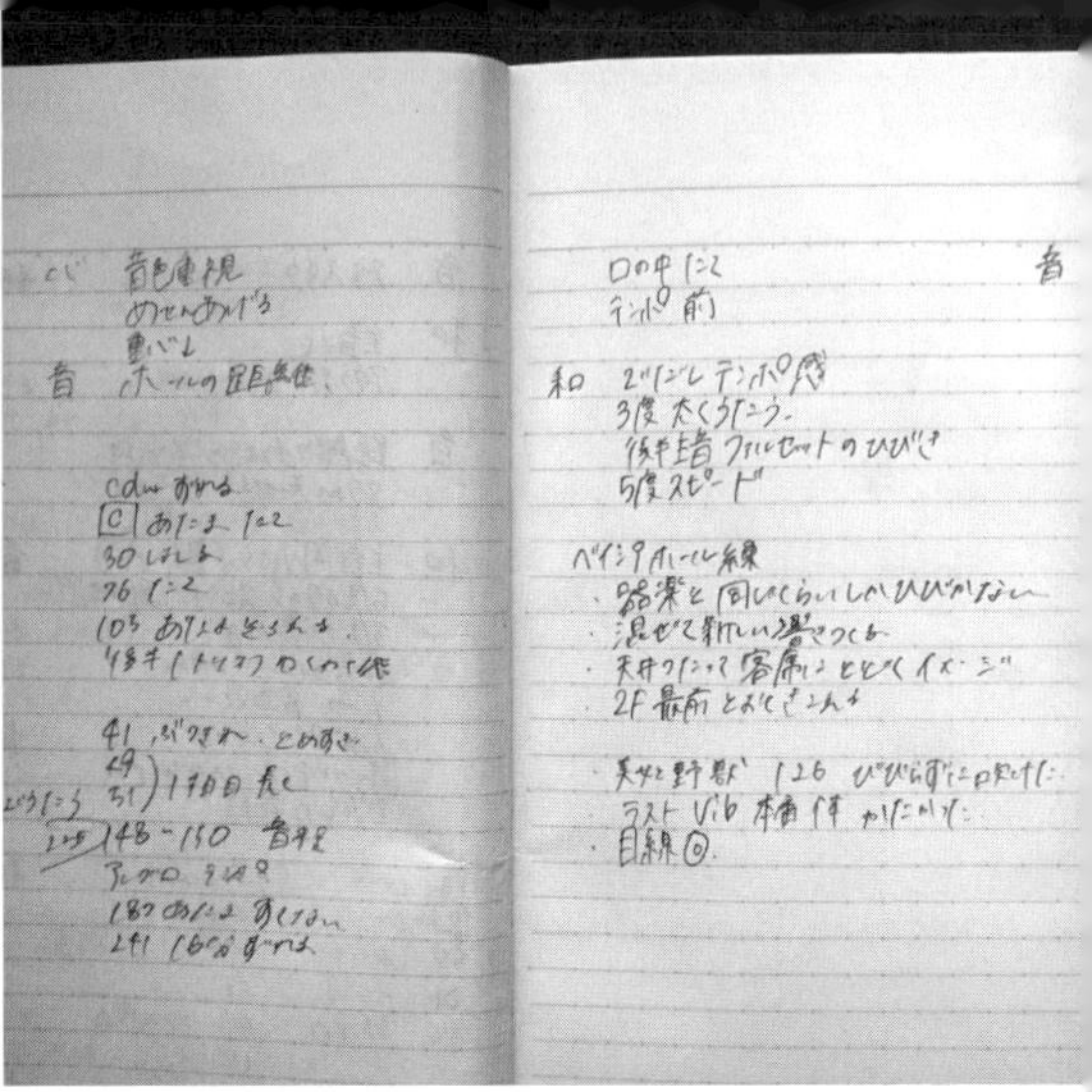

音色重視
ホールの距離感
音
和
ベイシアホール練
目線◎

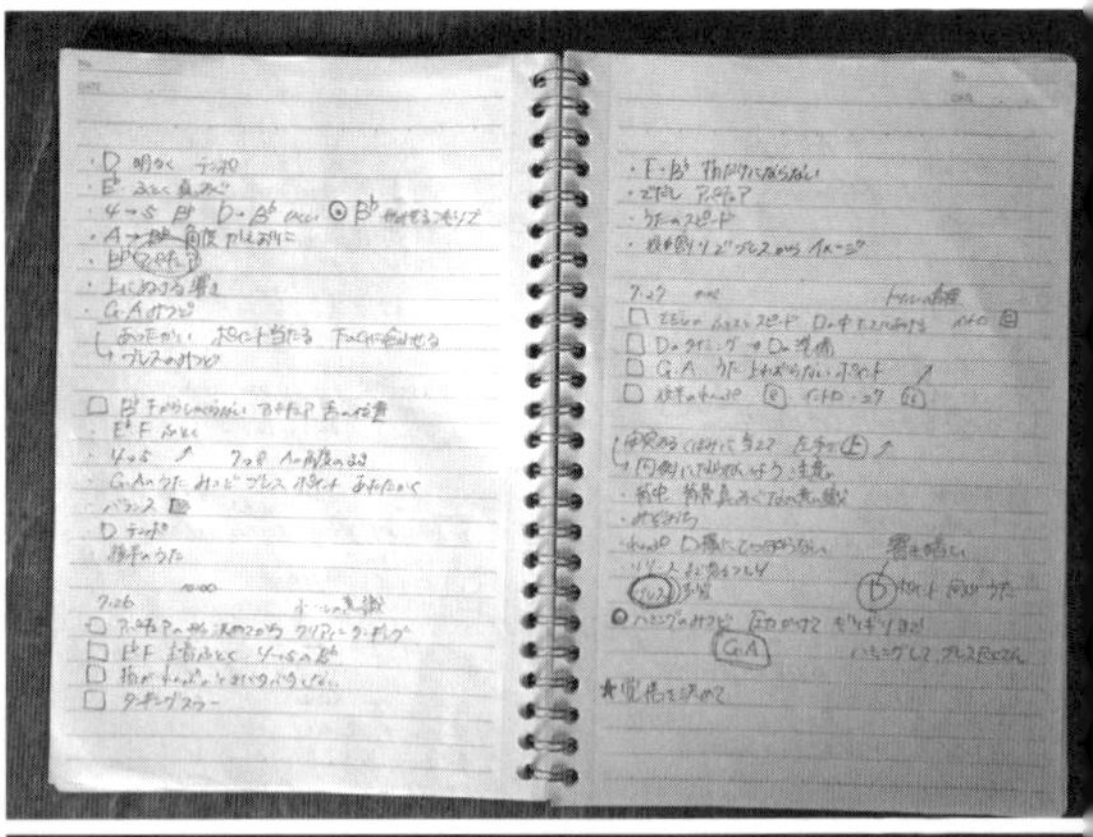

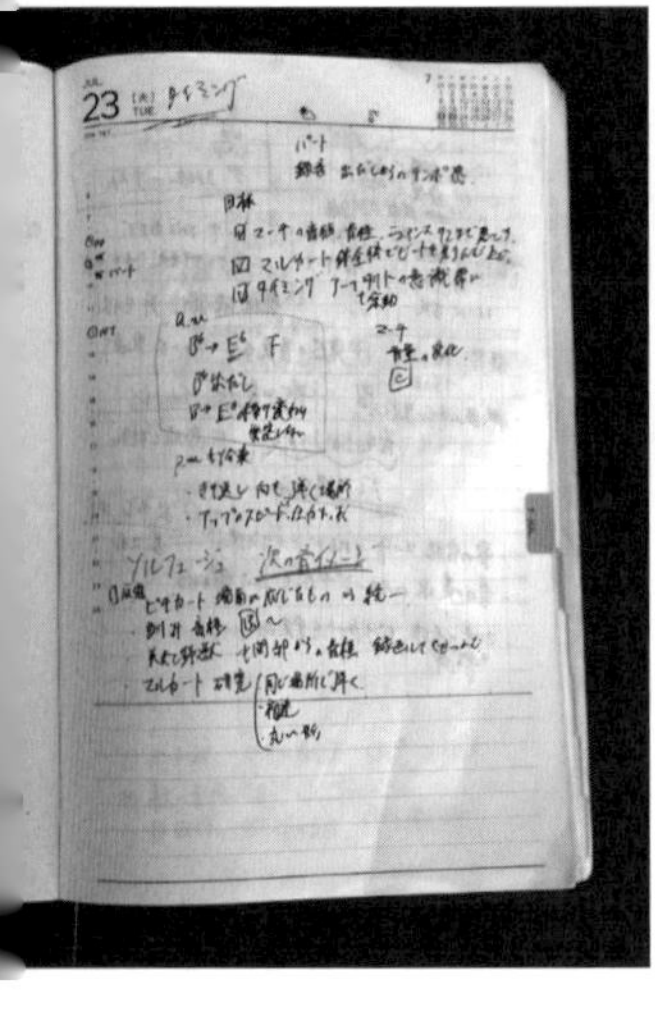

23

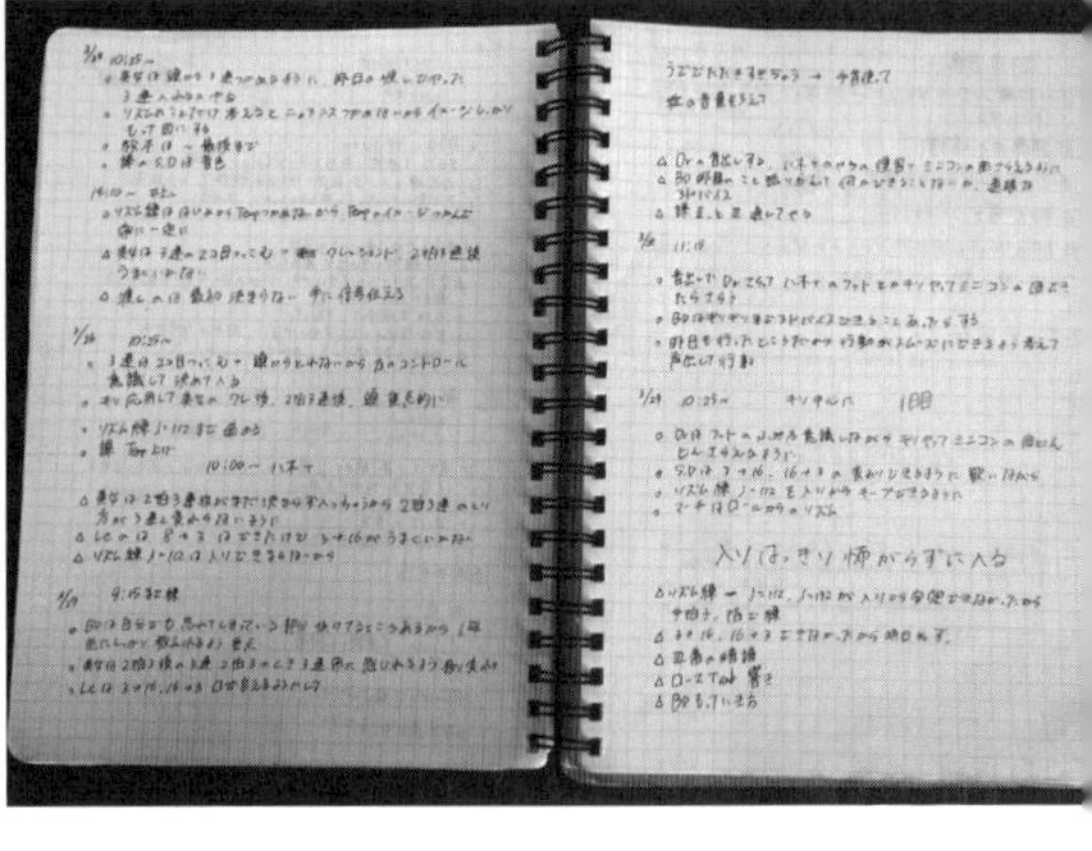

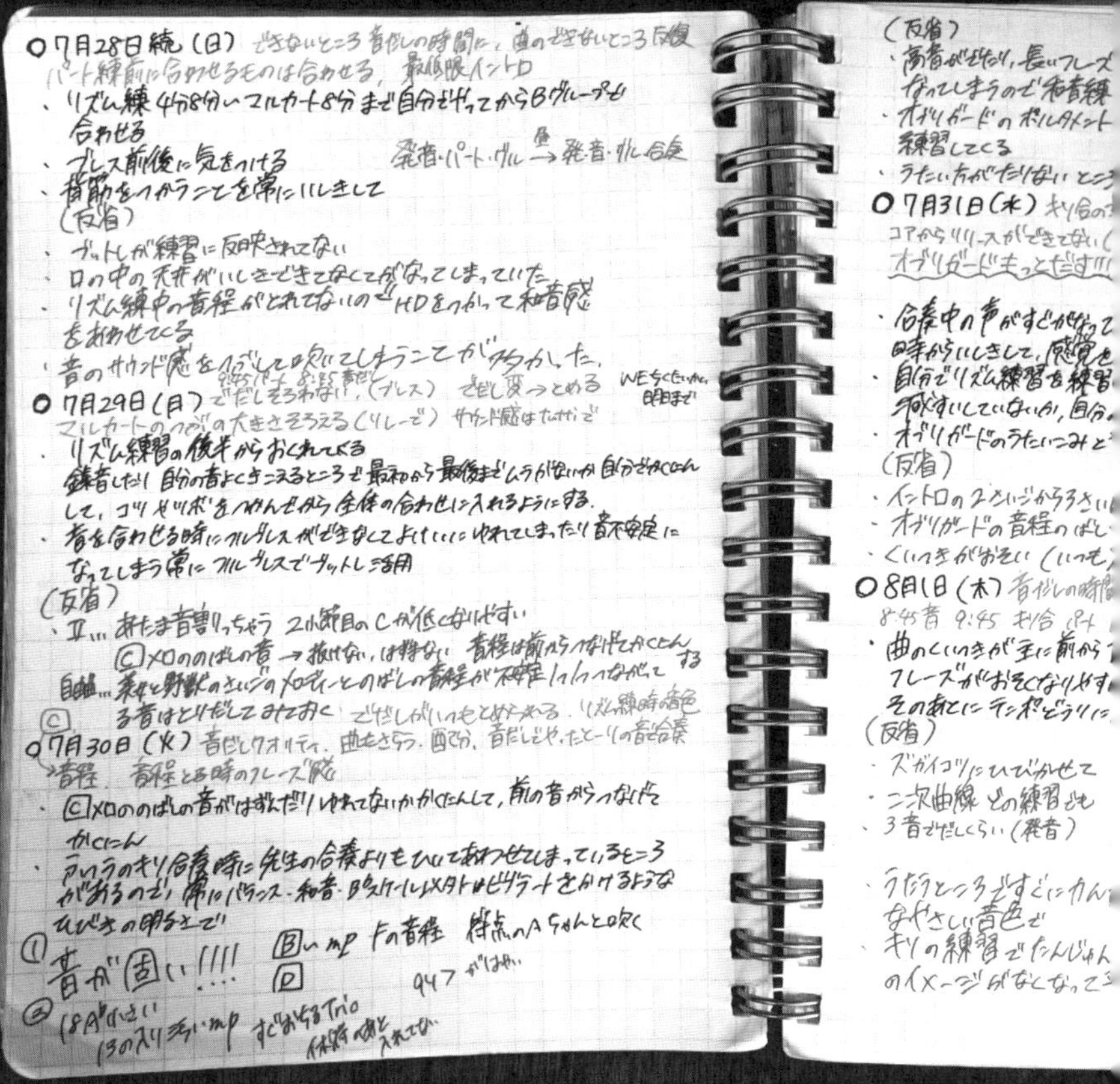
○7月28日続（日）できないところ 音だしの時間に、曲のできないところ反復
パート練前に合わせるものは合わせる，最低限イントロ
・リズム練 4分8分いマルカート8分まで自分でやってから Bグループと合わせる
・ブレス前後に気をつける
・背筋をつかうことを常に意識して
発音・パート・グル → 発音・グル合奏
（反省）
・ダットレが練習に反映されてない
・口の中の天井がいしきできてなくて がなってしまっていた
・リズム練中の音程がとれてないので HDをつかって和音感をあわせてくる
・音のサウンド感を出さして吹いてしまうことが多かった
○7月29日（月）でだしそろわない，（ブレス） でだし変→とめる
マルカートのつぶの大きさそろえる（リレーで）サウンド感はたせて
・リズム練習の後半からおくれてくる
・音を合わせる時にノーブレスができなくてよけいにゆれてしまったり音不安定になってしまう 常にノーブレスでダットレ活用
（反省）
○7月30日（火）音だしクオリティ．
・アウラのキリ合奏時に先生の合奏よりもひいてあわせてしまっているところがあるので，常にバランス・和音・B♭スケールメタトぬビブラートをかけるような ひびきの明るさで
① 音が固い!!!!
（反省）
・高音がでなくなり，長いフレーズ なってしまうので和音練
・オブリガードのポルタメント練習してくる
・うたい方がたりないところ
○7月31日（水）キリ合の
コアからリリースができてないし
オブリガードもっとだす!!!
・合奏中の声がすぐがなって
・自分でリズム練習を練習
（反省）
・イントロの2ページから うるさい
・オブリガードの音程のばし
○8月1日（木）音だしの時間
・曲のくいつきが主に前から
フレーズがおそくなりやすい
そのあとにテンポどうりに
（反省）
・ズガイコツにひびかせて
・二次曲線どの練習でも
・3音でだしくらい（発音）
・うたうところですぐにカんで
なやさしい音色で
・キリの練習でたんじゅん
のイメージがなくなって

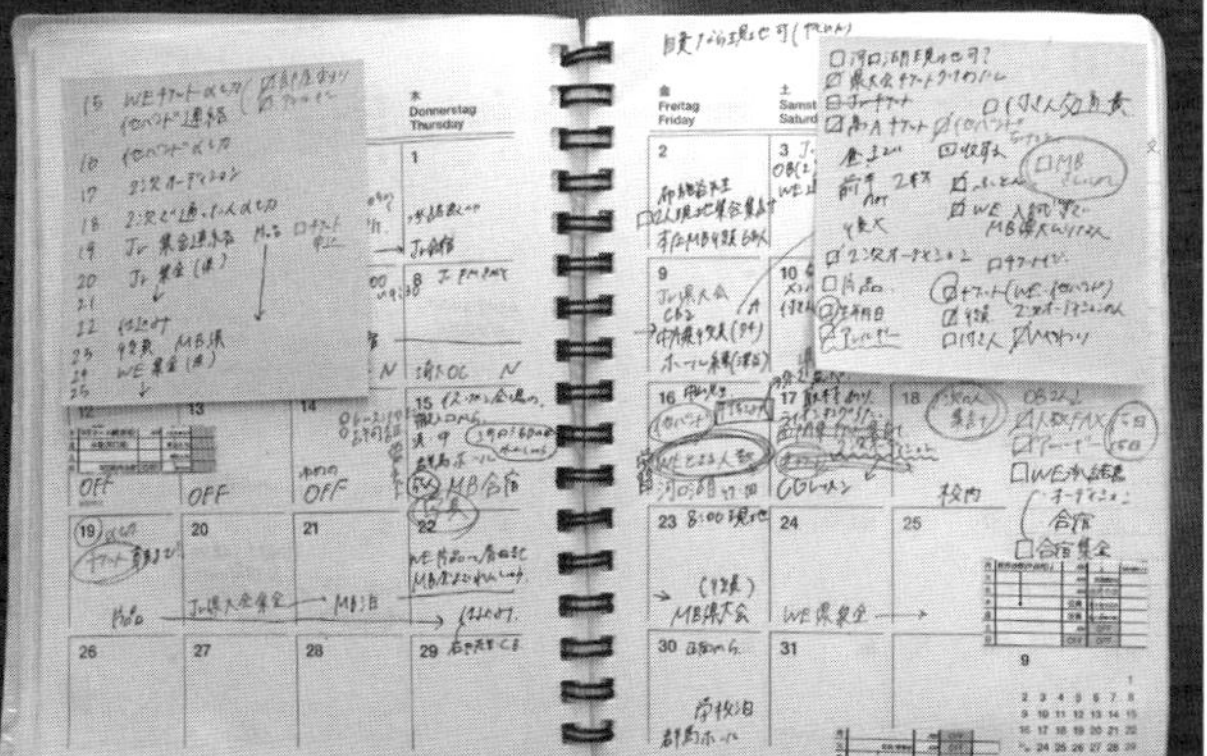
Donnerstag
Thursday
Freitag
Friday
OFF
MB合宿
JF県大会集合
WE県東金

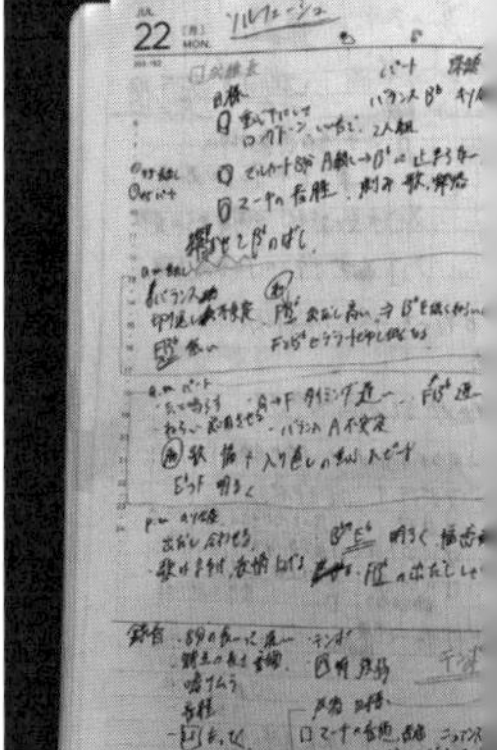
22
MON.

省を書いてください」の掛け声とともに各自がノートに書き込み、課題がクリアできたのかどうかを3人グループの中で報告。翌日の練習に生かすのだ。

ノートにはいくつ課題を書いてもいい。

「1日にできる課題を設定するのも練習のうち」

宇畑先生はそう言っていた。

ユキノは課題をスケジュール帳のメモ欄に書いている。最初のうちは山のように課題を挙げてしまい、練習後のミーティングで「無理でした。明日は課題を減らします……」と反省を口にすることが多かった。だが、続けていくうち、宇畑先生が言うとおり、1日でこなせる課題の量がわかるようになってきた。

- □ ロングトーン　口しめない
- □ マーチ　メロディ　音合わせる
- □ Cのリズム　積極的に意識的に息流す　オブリガート音程
- □ 雰囲気ゆるくならないように

このようにリスト化し、できた項目にチェックをつけるのだ。最近ではほとんどの項目にチェックが入るようになっていた。

また、大切なことは、スケジュール帳の端に赤い文字で縦に書いた。

自分でつくろうという気持ち!!

全てはブレスで決まる

「自分でつくろうという気持ち!!」は、指揮者に従って演奏しているだけになっている、各自が「自分から音楽をつくろう」「発信しよう」「みんなとアンサンブルしよう」という気持ちに欠けている、と宇畑先生に指摘され、書いた言葉だった。

「全てはブレスで決まる」も先生からのアドバイス。息で音を操る管楽器は、ブレス（息を吸うこと）と楽器を吹いて音を出すことが「対称」になる。「ブレスは、出したい音の逆再生」とも先生は言い、速い息が必要なところではブレスも比例して早くする必要がある。また、ブレスを揃えることは、まわりと音を揃えることにもつながる。だからブレスによってす

べてが決まるのである。

ユキノはそういう重要な言葉をスケジュール帳に刻みつけながら、「今日の自分は何を克服するべきか」を整理し、毎日コツコツとクリアしていった。それによって、ただがむしゃらに楽器を吹くよりも、限られた時間で的を絞った効果的な練習ができた。

また、以前書いたところを読み返すことで、「こんなに成長できたんだな」「この部分は最近忘れてきてるから気をつけなきゃ」といった確認もできた。

何より、チェックを入れながら次々に課題を達成していくことが、自信を育ててくれた。

6月のオーディションでは、ウィンド・アンサンプルのオーボエの希望者はユキノと後輩の二人だけだったため、オーディションはトップ奏者を決めるためのものとなった。覆面審査ではなく、みんなが見ている前で一人ずつ課題曲を吹くのだ。

「これで負けたらヤバいな……」

手汗がにじんだ。

もともと緊張しやすいユキノは指が震えてしまい、速いパッセージでは指がうまく回らないところもあった。しかし、定期演奏会前よりもうまくいった。

オーディションの結果、みんなの挙手により、ユキノはトップに返り咲くことができたのだった。

こっそりノートに書き込まれたメッセージ

２０１９年のコンクール自由曲として宇畑先生が選んだのはディズニー映画『美女と野獣』の音楽、アラン・メンケンが作曲し、森田一浩が編曲した《「美女と野獣」より》だった。

伊奈学は2017年にも《ノートルダムの鐘》をコンクールで演奏しているが、ディズニーの音楽を採用する学校は珍しい。

「バッハでもメンケンでも、好きなものは好き、感動するものは感動する。音楽に垣根を作らずにやっていきたい」

そんな思いで宇畑先生は選曲した。

ユキノもディズニーランドやディズニーの音楽が大好きで、「自分たちの代で《美女と野獣》ができるなんて嬉しい！」と喜んだ。

しかし、技術的には難しい曲で、終盤に有名な「美女と野獣」のテーマが始まるところでオーボエとアルトサックスのソロの掛け合いもあった。

ユキノにとっての課題は、昨年と同じソロの最初の1音。個人練習ではできるのだが、合奏練習になると必要以上にプレッシャーを感じてしまう。

「ヤバい、ヤバい！」

心の中ではそう叫び、手汗を制服のスカートで拭ってソロを吹くのだが、最初の1音が「スカッ」と抜けてしまうのだ。

ユキノはスケジュール帳以外にもノートを用意し、練習中に指摘されたことや自分で気

づいたことを書きつけるようにしている。
そこには「びびる」という言葉がいくつも綴られていた。

びびらない!!

Cの5度　びびらない　上にひびかすYO

美女と野獣　126　びびらずに吹けた

オーボエの演奏技術はもちろん、ユキノは緊張に負けてしまいがちな自分自身と戦い、乗り越えていこうとしていた。
ある日、ふとノートを見ると、自分が書いた覚えのない絵と言葉があった。

ゆきのFight

ユキノを励ますため、こっそり友達が書き込んでくれていたのだ。

「うん、ありがと……頑張る！」

9月8日の西関東大会で、ユキノは会場で最高のオーボエを奏でることを心に誓った。

「遅咲きの花でもいい」

ユキノと同じ3年でマネージャーを務めているのが、パーカッション担当の「ミヅキ」こと須賀美月だ。

几帳面で、きれい好きで、優しい性格。みんなに気づかいができるミヅキのことを、ユキノは「何でも任せられて、信頼できる人」とリスペクトしている。伊奈学で吹奏楽がしたくて、2時間以上もかけて通学している頑張り屋でもある。

しかし、そんなミヅキには悩みがあった。

それは、「いつも自分から一歩引いてしまう」こと。自分のやりたいことよりまわりの意志や希望を優先させてしまうのだ。

出身中学は強豪校ではなく、また、住んでいる場所が埼玉の中でも中心部ではなかったため、入部当初は「全国大会の経験者もいる中で、私みたいに田舎から来てる子がやっていけるのかな……」とコンプレックスを抱いていた。

本当の希望は、ウィンド・アンサンブルに入って伊奈学の一員として全日本吹奏楽コンクールに出場すること。けれど、1年生のときは「私にはまだ無理」とオーディションに挑むこともしなかった。「だったら、マーチングバンドで」とも思ったが、同じ打楽器でマーチングを希望している部員が多かったため、自分から身を引いてコンサートバンドに入った。

「自分のやりたいことを第一に考えて、たとえ無理でも挑戦したほうがよかったのかな?」

そんな疑問を抱えたまま、コンサートバンドで活動した。コンクールは地区大会だけだが、「何か自分なりに爪痕を残そう。人とは違うことをしよう」と未経験のハープを志願した。先輩に教えてもらいながら必死に練習し、臨んだコンクール本番。ハープは客席に一番近い位置で演奏するため、緊張で手が震えたが、演奏はうまくいった。

ミヅキは、少し自分に自信が持てた。

2年生になり、思い切ってウィンド・アンサンブルのオーディションを受けたが、落選。

マーチングバンドに入った。またしても未経験のことだったが、練習を重ねるたびにマーチングの楽しさに目覚めた。

その年、伊奈学のマーチングバンドは大阪城ホールで行われた全日本マーチングコンテストに出場。ミヅキにとっては初めての全国大会だったが、担当したグロッケンシュピールをのびのびとした演奏できた。結果は最高賞である金賞だった。

「全日本吹奏楽コンクールに出たい」という夢こそ叶えられなかったものの、1、2年生の間にミヅキは経験を深め、確実に成長してきた。

そのミヅキを支えていたのは、宇畑先生の言葉だった。

「遅咲きの花でもいい」

宇畑先生はよく部員を花にたとえる。人によって、早い段階で花開く者もいれば、後になって大輪の花を咲かせる者もいる。

「そっか。私も自分のペースで頑張ればいいんだ！」

なかなかウィンド・アンサンブルのメンバーになれなくても、宇畑先生の言葉に励まされてきた。

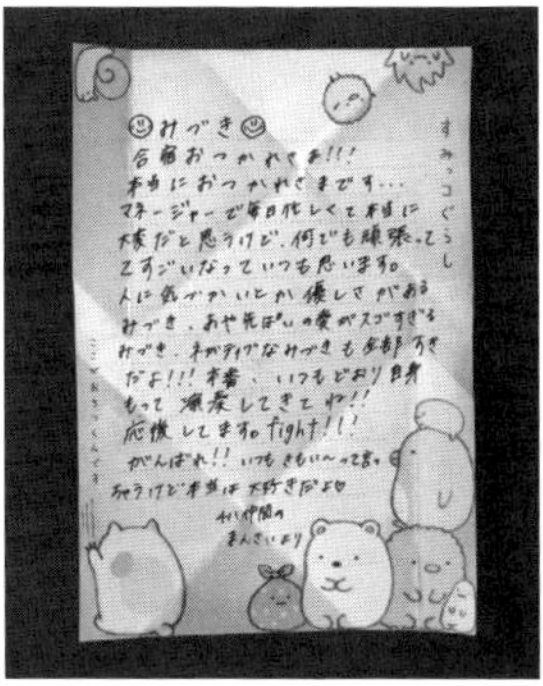

みづき
合宿おつかれさま!!!
本当におつかれさまです…
マネージャーで毎日忙しくて本当に大変だと思うけど、何でも頑張ってるとこすごいなっていつも思います。
人に気づかいとか優しさがあるみづき、あや先ぱいの愛がスゴすぎるみづき、ネガティブなみづきも全部好きだよ!!! 本番、いつもどおり自信もって演奏してきてね!!
応援してます。fight!!!
がんばれ!! いつもきもい〜って言っちゃうけど本当は大好きだよ♡
仲間の まんさいより

音楽しよう！

飛ばせ伊奈サウンド
心に残る私たちだけのハーモニー
全身で出す勇気を胸に
ひとりひとりの花を咲かせよう
一つに想いを乗せて
心に... 音楽しよう

一歩踏み出す勇気を胸に！

高校生活最後の今年。ミヅキは6月のオーディションにバスドラムで臨んだ。

「これが最後のチャンスかも……」

激しい緊張に襲われた。しかし、これまで重ねてきた経験、毎朝5時過ぎに家を出て朝練に参加するなど頑張ってきた練習——その「時間」がいつしか「自信」に変わっていた。

ミスもなくオーディションを乗り切り、結果は初めてのメンバー入り。「遅咲きの花」がようやく開いた瞬間だった。

「これからコンクールに向けてどんな時間が待ってるんだろう?」

ついに夢をつかんだミヅキは期待に胸を膨らませながらも、身が引き締まる思いがした。

ミヅキが課題曲のマーチで担当するのはバスドラム。バンドの「心臓」として、マーチのテンポやリズムを支え、牽引する役割がある。

ところが、ついミヅキの「一歩引いてしまう」性格が顔を出す。バスドラムのテンポが

遅れがちになったり、音が小さくなったりしてしまうのだ。ミヅキはときどきオーボエのユキノのところへ行き、「バスドラの音、ちゃんと聞こえてる？　もっと鳴らしたほうがいいかな？」と相談した。

自由曲《「美女と野獣」より》では、バスドラムとハープを担当する。1年生のときに経験したハープの技術が生きることになり、ミヅキは嬉しかった。特に、ハープが目立つ冒頭や終盤は曲の盛り上がるところでもあり、「あぁ、気持ちいい！」と思いながら弦をかき鳴らした。

一方、一番の課題はバス

ドラムとハープの移動だった。少し距離がある2つの楽器を行き来するときに「事故」が起こりがちだ。実際、合奏練習中に移動するとき、制服に譜面台を引っ掛けて倒してしまったことがあった。

「ただでさえ移動中はお客様の視線が集まるんだから、絶対に事故を起こさないように気をつけないと！」

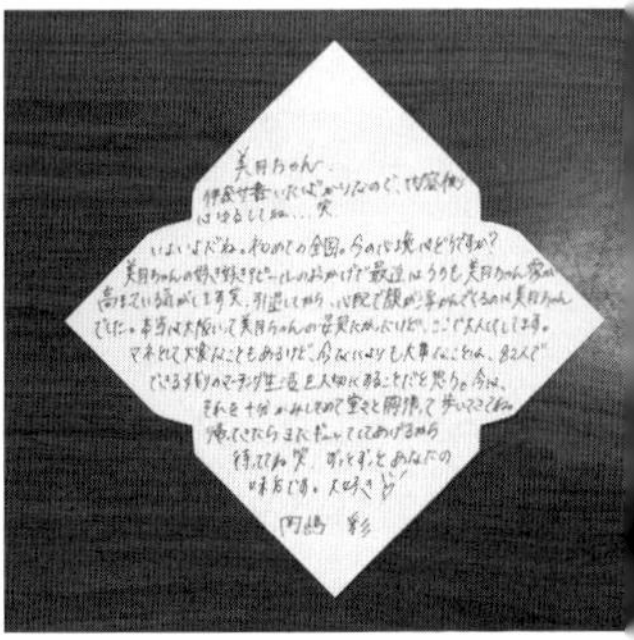

伊奈学のウィンド・アンサンブルの一員として全国大会出場、そして、金賞受賞に挑むことのプレッシャーもあった。県大会を突破し、勝負の西関東大会を控えて、「もし全国大会に行かれなかったら……伊奈学の連続出場を途切れさせてしまったら……」とつい思ってしまう。

「ミヅキ、あんまりネガティブに考えすぎると演奏に出るよ」

まわりからはそう言われた。

「あぁ、音に出ちゃってるんだな……」

ミヅキは反省した。しかし、初めてのA部門のコンクール、初めての西関東大会——不安しかなかった。

そんなミヅキを支えてくれたのは、昨年の全日本マーチングコンテストの前に大好きな先輩からもらった手紙だった。

引退してから、心配で顔が浮かんでくるのは美月ちゃんでした。
本当は大阪いって美月ちゃんの姿見たかったけど、ここで大人しくしてます。
マネ（マネージャー）として大変なこともあるけど、今なによりも大事なことは、82人でできる残りのマーチング生活を大切にすることだと思う。（中略）
ずっとずっとあなたの味方です。大好き

先輩が引退してしまった後、心細く思うこともあった。最高学年としての大変さ、マネージャーという仕事のつらさも味わった。しかし、その手紙を肌身離さず持っているおかげで、いつも先輩がそばにいてくれるような気持ちになれた。

また、別チームになった同級生の友達からの手紙にも励まされた。

人に気づかいとか優しさがあるみづき、あや先ぱいの愛がスゴすぎるみづき、
ネガティブなみづきも全部すきだよ!!! 本番、いつもどおり自信もって
演奏してきてね!

今まで乗りこえてきたみづきちゃんなら絶対に最後まで駆け抜けられる!って
私が自信を持って言えるから! BD(バスドラム)はバンドの土台になる
大事な役目だから、みづきちゃんもみんなの土台になれるように、胸はって、
前に進んでね!!
ずっと近くで応援してるよ。大好き!
飛ばせ! みづきサウンド!

先輩、同級生たち、それぞれの手書きの文字は、いつ読んでも心にしみた。
ミヅキ自身も、スケジュール帳に自分の抱えている課題を細かく書き込んでいた。特に多いのは、課題曲のバスドラムに関する記述だ。

イントロとCもっとスピードかけてガツガツと!!!

もっと「ズーン」と

イントロ、Cびびらない

音の芯(密度)が出てくるように

いずれも、演奏のときの積極性を自分自身に求める言葉だった。友達も手紙に「胸はって、前に進んでね」と書いてくれている。「一歩引いてしまう」のが自分の課題であり、弱点であると、ミヅキにはよくわかっていた。だが、それをなかなか完全には克服できない。

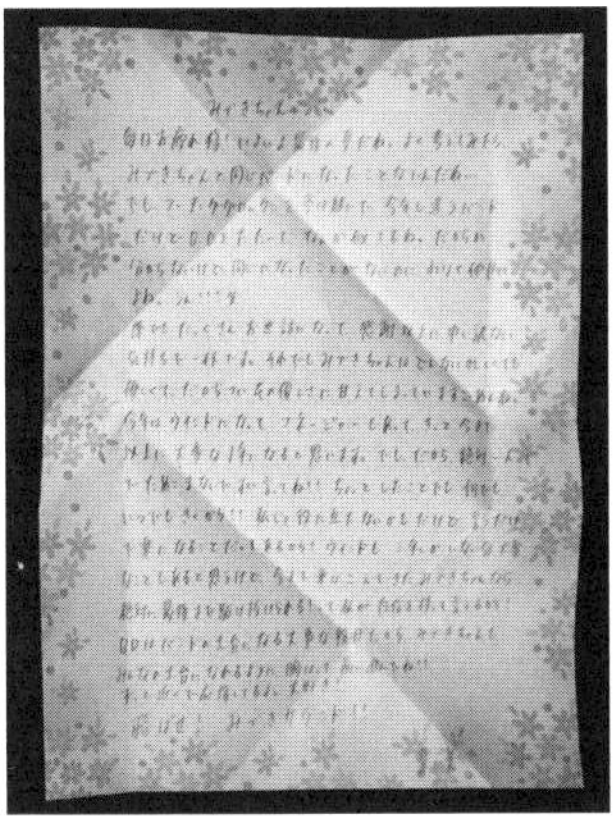

西関東大会は約3週間後に迫っている。

ミヅキは今日もウィンド・アンサンブルの練習に参加する。尊敬する宇畑先生が指揮台に立ち、一切妥協のない指導をしてくれる。コンクールで最初に演奏する課題曲を、先生は重視していた。課題曲がうまくいけば、自由曲も波に乗れる。だから、特に課題曲の練習は徹底したものになる。

ミヅキはバスドラムを叩きながら、ときどき気弱になりかける。「一歩引いてしまう」自分が顔を覗かせ、マレットを握る手の力が弱まりそうになる。

そんなとき、手紙の言葉たちがミヅキをそっと包み、背中を押してくれる。

ずっとずっとあなたの味方です。

ネガティブなみづきも全部すきだよ!!!

飛ばせ! みづきサウンド!

そして、ふと宇畑先生の後ろにある文字がミヅキの目に入る。それは部員みんなで考えたスローガンだった。

飛ばせ伊奈サウンド
届けよう私たちだけのハーモニー
一歩踏み出す勇気を胸に
ひとりひとりの花を咲かせよう
一音一音に想いを乗せて
心に響く音楽しよう

ミヅキの心が熱くなった。

遅咲きだった自分がようやく咲かすことのできた花。今、必要なのは「一歩踏み出す勇気」だ。自分の咲かせた花は、もっともっと、さらに大きく開けるはずだ。

自分だけではない。きっとウィンド・アンサンブルのメン

バーはそれぞれに苦しみ、それぞれに壁を乗り越え、それぞれに花を咲かせてきたに違いない。

ミヅキの花、55人の花を集めて花束にして、ステージから客席へと届けよう！

ミヅキはマレットを握り締め、力を込めて「ドンッ！」とバスドラムを叩いた。


【全日本吹奏楽コンクールまで、あと64日】

埼玉県立伊奈学園総合高等学校吹奏楽部（埼玉県）

埼玉県北足立郡伊奈町学園にある公立高校。全国初の総合選択制の普通高校として1984年に開校。吹奏楽部は1995年に宇畑先生の指揮で初めて全日本吹奏楽コンクールに出場すると、2018年まで20回出場し、金賞15回。

宇畑知樹先生

1968年生まれ。千葉県出身。伊奈学園総合高校の第1期生にして吹奏楽部の初代部長。武蔵野音楽大学でトランペットを専攻。担当教科・音楽。

No. 03
Date 2019.8

部長を交代してでも「全国初出場」をつかみ取る！

小松市立《しりつ》高等学校 吹奏楽部（石川県）

福井県の武生商業高校が6年連続、石川県の小松明峰高校が2年連続で代表を占めていた北陸支部に、2019年は異変が起こった。彗星のごとく現れた初出場校。だが、その裏側には大きなピンチと苦渋の決断があった——。

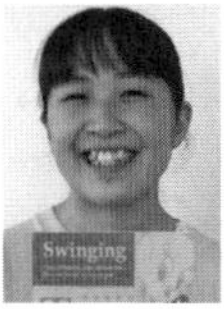

［後期部長］
藤村小麦さん
（3年生・
フルート）

［前期部長］
西出《にしで》真唯《まゆ》さん
（3年生・
ユーフォニアム）

全国を目指す吹部に走った亀裂

小松市立高校吹奏楽部の練習は「始礼」からスタートする。前に立つ部長がリードし、モットーを唱和する。


「愛」

「他人を愛すること！」

「美」

「美しいものを美しいと思える豊かな心をもつこと！」

「夢」

「夢をもって追いかけること！」

「文化祭まであと」

「3日！」

「全国大会まで」

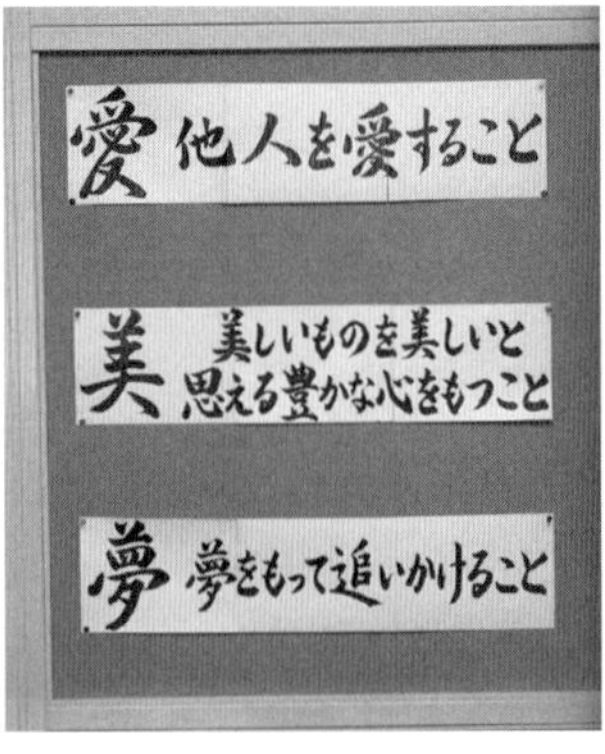

「あと55日！」

２０１９年、小松市立高校は全日本吹奏楽コンクールに出場することが決まっていた。他の支部に先駆けて北陸大会が行われたのは8月11日。出演順が3番と早かった小松市立は、高校の部の代表に全国で一番乗りした学校だった。

それだけではない。小松市立が代表に選ばれるのは初めてのこと。２０１５年の活水中学校・高校以来、4年ぶりに全日本吹奏楽コンクールに登場する初出場校となったのだ。

そのニュースは瞬く間にSNSを駆け巡り、全国の吹奏楽関係者やファンにとって大きなサプライズとなった。

学校創立60周年の年に達成した快挙。正門の横には「祝 全日本吹奏楽コンクール初出場」の看板が誇らしげに飾られていた。

しかし、吹奏楽部が歩んできたのは、そんな華々しいイメージとは違う茨の道だった。

モットーの唱和をリードした3年生の部長、「コムギ」ことフルート担当の藤村小麦は、正確には「後期部長」。コムギの前にもう一人の部長が存在したのだ。

現在、小松市立高校吹奏楽部を率いているのは安嶋《やすしま》俊晴先生。前任の金沢桜丘高校を2012、2013年と2年連続で全国大会に導き、2012年には金賞も受賞している。北陸を代表する名指導者の一人だ。2014年から小松市立に異動になったが、安嶋先生にしてみると「今年の全国大会出場は不思議ではない。むしろ、ここに来て5年もかかってしまったか」という思いだった。

しかし、誰も全国大会を経験したことがない学校を「吹奏楽の甲子園」と呼ばれる特別な場所へ連れていくのは、やはり並大抵のことではない。

その象徴が「二人の部長」だ。

「前期部長」――というよりも、当初は一般的な「部長」として部員たちの前に立っていたのは3年生でユーフォニアム担当の「マユ」こと西出真唯だった。

小松市立では、部長は3年生の引退に際して部員たちが投票を行い、票の多い者と先生が面談をして最終決定する形になっている。

Swinging
Cute, friendly, and attractive...
You are loved by everyone.
T
mustache
FLUTE
CUTE
ood Physique
glasses
weety!

実は最多得票はコムギだった。しかし、コムギには部長をやりたくない理由があった。

コムギは中学2年のときに全日本吹奏楽コンクール・中学校の部に出場している。しかし、自分が部長で迎えた中3の年には全国大会出場を逃し、責任感に苛まれた。その苦い記憶は小松市立に来ても消えることはなかった。

みんなからは「明るく、元気なタイプ」と思われているが、内面はネガティブ。小松市立でも率先して「今年こそ全国大会に行くよ!」と言いながら、誰よりも「もしかしたら、やっぱ全国は行けないかも。行けなかったらどうしよ……」とクヨクヨ考えていた。その根っこにあるのが中3のときの経験だった。

「もう部長はできん……」

そう思ったコムギは安嶋先生に自分の気持ちを伝え、木管パートのリーダーである木管トレーナーになった。

そして、コムギの代わりに部長に選出されたのがマユだった。

マユは中学時代にコムギのように強豪中学校にいたわけではなかったが、ユーフォニアムの腕前は抜群で、高1から先輩を追い抜いてトップ奏者を任されるほどだった。

2019年の小松市立の自由曲はベルト・アッペルモント作曲の《ブリュッセル・レク

Campus
レッスンノーツ
Euph 西出真唯
Campus

イエム》。安嶋先生がこの曲を選んだのは、マユというエースプレイヤーの存在も大きかった。曲の中盤にユーフォニアムの印象的なソリやデュエット、終盤には猛烈な速さのパッセージといった見せ場があるためだ。

部長就任を打診されたマユはこう即答した。

「私は吹奏楽をやるためにここへ来たので、部長をやらせてもらいます！」

何事も妥協しないで全力でやるのがマユのモットーだった。だから、部長という難しい役割も全力でやろうと思った。

コムギもマユを「笑顔が素敵で、プレイヤーとしても尊敬できる人」と信頼していた。ところが、新年度を迎える前に、早くも部内に亀裂が走ったのだった。

衝撃の部長交代劇

コムギやマユたちの1つ上の先輩が引退した後、残された2つの学年の間にはどことなくしっくりいかない雰囲気が漂っていた。

そんな中、各校の1、2年生だけで参加する新人戦が行われた。成績上位の学校は、3月に関東が中心になって開催される首都圏学校交歓演奏会に出場することができる。全国大会常連の強豪高校も登場する、次年度を占う大会だ。

小松市立も2017年、2018年と首都圏学校交歓演奏会に出場していたが、2019年は出場権を逃した。まさかの事態だった。

このことがきっかけで、一気に部内の空気が悪くなった。

最大の問題は、コムギやマユたち当時の2年生と1年生の対立だ。吹奏楽部は6月に開催する定期演奏会に向けて準備を始めたが、各学年がお互いに対する不満を漏らすように

なった。このままでは良くないとミーティングをしたところ、1年生から思ってもみない激しい突き上げがあった。しかし、マユを含めた幹部はみな優しく穏やかな性格で、

後輩たちに対して強く出ることができない。

そのときは表面上は「今後はお互いに協力してやっていこう」ということでまとまったが、不満はくすぶり続けたままだった。

「最後の1年なのに、どうしよ……」

コムギは苛立ちと焦りを感じていた。

4月が来て部員たちは進級し、1年生も入ってきた。定期演奏会も2カ月後に迫っている。部内は慌ただしくなり、3

年生と2年生のぶつかり合いが再び表面化してきた。しかし、このときもマユたちには打つ手がなかった。

実は、マユ自身も先生に「部長をやらせてもらいます！」と力強く宣言したものの、ずっと不安を抱えていた。演奏では思い切りがいいが、人間関係になるとつい優柔不断になってしまう。リーダーとして指示を出さなければいけないときにはっきりせず、みんなを戸惑わせてしまうことも少なくなかった。

「今の幹部ってどうなん……？」

ついにそんな声が部員の中から漏れてくるようになった。

一度、3年生だけでミーティングを行い、幹部は「今後は自分たちの行動を変えていきたい」と語った。しかし、人の性格はそう簡単に変わるものではなく、3年生と2年生の良くない関係も変わらなかった。

定期演奏会の前日、ついに業を煮やした安嶋先生が3年生に向かって言った。

「今、部内がこんなになってるのは、2年じゃなく、お前らが悪いせいだ!」

そう言われて、コムギも気づいた。

「先生の言うとおりや。今までずっと後輩のせいにしてきたけど、私らに問題があるんや」

定期演奏会が終わったら、この問題に決着をつけよう——コムギは思った。いや、3年生のほとんどがそう思っていた。


定期演奏会後に2年生が修学旅行で不在になったとき、3年生は真剣に話し合った。

自分たちの目標はいつも練習に使っている視聴覚室の壁にも貼ってある「全国金賞オールA」だ。しかし、このままでは北陸大会に進めるかどうかも危うい。高校生活最後の年に後悔はしたくない。今が「変わる」ことができる最後のチャンスかもしれない。

一人が口を開いた。

「本気で全国大会を目指すなら、今の幹部じゃ無理やと思う」

その意見に同調する者は多かった。すると、「いや、今のままでいい」という意見も出た。3年生同士でも意見がぶつかり合う事態。部活が分裂する危機的状況だった。

マユは苦しい立場に置かれた。

「今まで頑張ってきたんやし、これからも部長を続けたい」という思いはあった。しかし、マユの一番の望みは全国大会に出場することだった。

「他にリーダー役に向いている人もいる。幹部が変わったら、今の悪い空気も変わるやろうか……」

マユは悩んだ末、「全国大会へ行くために自分が部長を降りる」という苦渋の決断をした。

他の3年生たちにとっても、それはつらい結論だった。そして、改めて投票が行われ、コムギに多くの票が集まった。

「みんなが2度も選んでくれたんや。それなら、やってみよう！」

コムギは部長を引き受けた。こうしてマユは「前期部長」、コムギが「後期部長」という形になった。副部長の2人も中村美実と金谷朋音に変わった。

役職を降りた副部長たちは泣いていたが、マユの

目に涙はなかった。

「マユ、どう思っとるんやろ」

コムギは気になった。

しかし、他にやるべきことが山ほどあった。石川県大会が1カ月後に迫っている。もし落ちたら、その時点で引退なのだ。

後日、部長と副部長が変わったことを後輩たちに告げると、誰もが驚きの表情を浮かべた。ずっと対立していた2年生も素直にその変更を受け入れた。

「3年生は、全国大会に行くためにそこまでするんや。本気なんや」

2年生はそう感じ取ったのだろう。

部長と副部長を変えるという荒療治は功

を奏し、小松市立高校吹奏楽部は急速に一体感を増していった。後期部長のコムギは91人の部員の先頭に立ち、突っ走り始めた。

一方、マユはというと、部長の交代が悔しくないわけがなかった。みんなの前では以前と変わらず笑顔を浮かべていたが、県大会直前までショックを引きずり続けた。

コムギたち新しい幹部の姿を見て、「自分たちもあんなふうにやればよかったんやな……」と後悔した。落ち込んだ日は家に帰り、お気に入りの「泣けるポップソング」を聴きながら思い切り号泣した。そして、一人で気持ちを切り替え、部活に出続けた。

良いこともあった。ユーフォニアムパートの3年生はマユ一人だけなのに、それまで部長の仕事が忙しくて後輩たちと一緒にいる時間が極端に短かった。しかし、部長交代後はパート練習をしたり、会話したりする時間が持てるようになった。

部内を見ても、みんなが前向きになっているように感じられた。

自分の決断は間違っていなかった——マユはそう思った。

パートノートに綴られた熱い思い

小松市立高校吹奏楽部では、2019年のコンクールメンバー55人に「ローズ（ROSE）」、それ以外に「タイム（Thyme）」というチーム名を付けた。

ローズは県大会に向けて55枚の日めくりカレンダーを作っており、メンバー一人ずつがモチベーションの上がる言葉を書くことにしていた。大会当日を担当するのは部長。作り始めたときはまだ「前期」の幹部だったため、マユの言葉が書かれている。

石川県大会　当日
練習で手を抜くな！
誰にもできることこそ誰にも負けないくらいやれ!!　西出真唯

普段のにこやかな笑顔からは想像できない、マユの強い思いが込められた言葉だった。

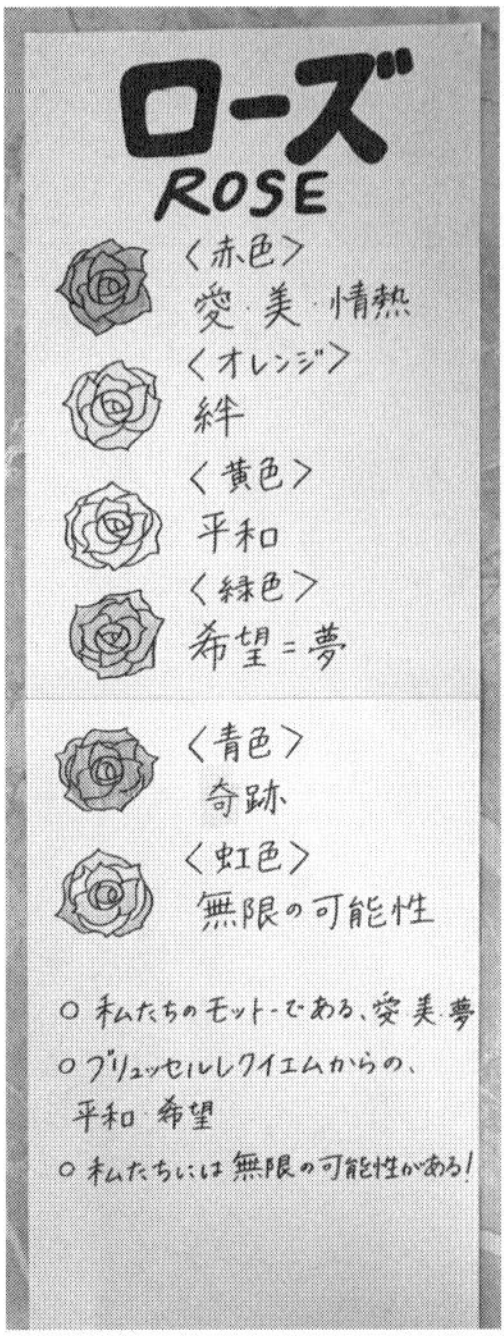

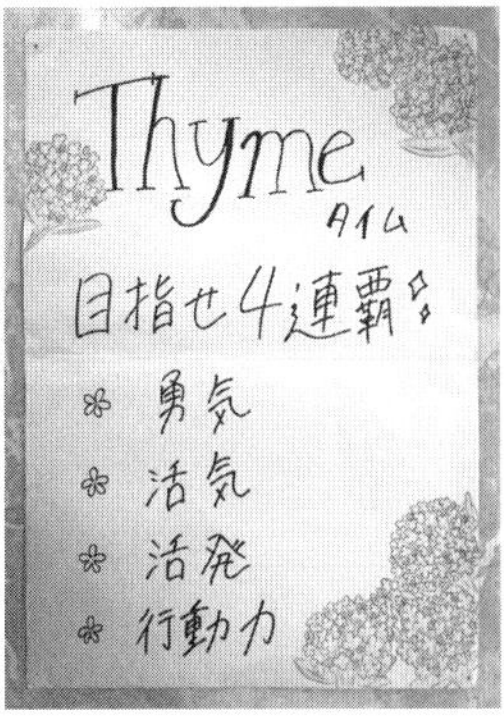

小松市立には「パートノート」というものもある。各パートごとに1冊のノートを用意し、メンバーが交代で毎日思うところを書き記して廊下のカゴに提出する。安嶋先生は全パートのノートに毎日目を通し、ところどころコメントを書き込んで返却する。先生が感動したところは終礼で読み上げることもある。

それは先生と部員のコミュニケーションツールでもあり、共用することによって他のメンバーが何を考えているか知ることもできるものでもある。自分の本心を、みんなに読まれてもいい形で文章にすることは、人間性の成長に大きく役立つと安嶋先生は考えている。

7月28日の石川県大会当日、後期副部長の中村美実はフルートのパートノートには、こんなことを書いている。

昨日、先生にお前らなんて負けてしまえと言われてすごく悔しかったです。

実は、県大会の前日、練習中のローズの緩んだ態度や雰囲気が先生の怒りを買ったのだ。それは「県大会は突破できるに違いない」という油断や傲《おご》りから来るものだった。先生は1時間も早く練習を切り上げた。ローズはコムギを中心に終礼で一人ずつ自分の思いや反省の言葉を語り、みんなで泣いた。

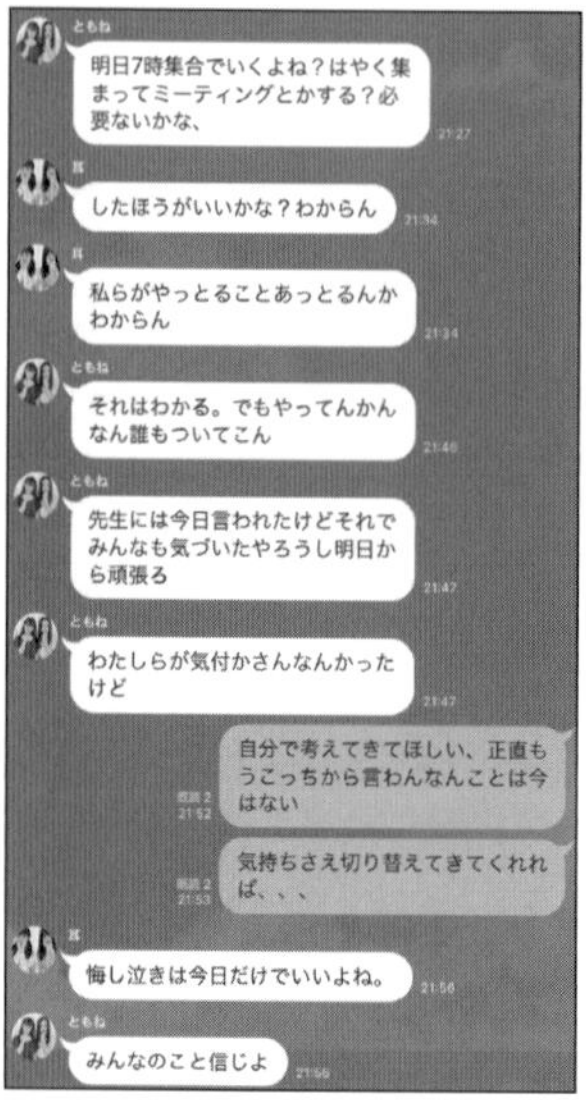

マユは自宅に帰ってからも「県大会で代表になれないんやないか」と不安になり、部長を降りたときよりも激しく泣いた。ひとしきり涙を流した後、「県大会では終わらない！　絶対に代表をとってやる！」と誓った。

一方、コムギも帰宅後に副部長の二人と泣きながらLINEでメッセージを交わし合った。

先生には今日言われたけどそれでみんなも気づいたやろうし明日から頑張ろ
わたしらが気付かさんなんかったけど
自分で考えてきてほしい、正直もうこっちから言わんなんことは今はない
気持ちさえ切り替えてきてくれれば…
悔し泣きは今日だけでいいよね。
みんなのこと信じよ

その後、コムギたちはローズ55人のグループLINEにもみんなに向けてメッセージを書き込んだ。

明日で終わるか終わらないかは誰にも
わからないけどやれることはやろう。
特に朝7時前に集まってミーティング
とかはしないけど、今日自分でしっかり
考えてきて欲しい。
頑張ろうね

私たちなら絶対できる！絶対大丈夫、
人は1日で変われるしその気持ちはちゃんと伝わる。
明日は笑顔で終わりましょう！

私も変わるしみんなも変わってくれると信じてます。
悔し涙は今日までにしましょう。
執念深く!!

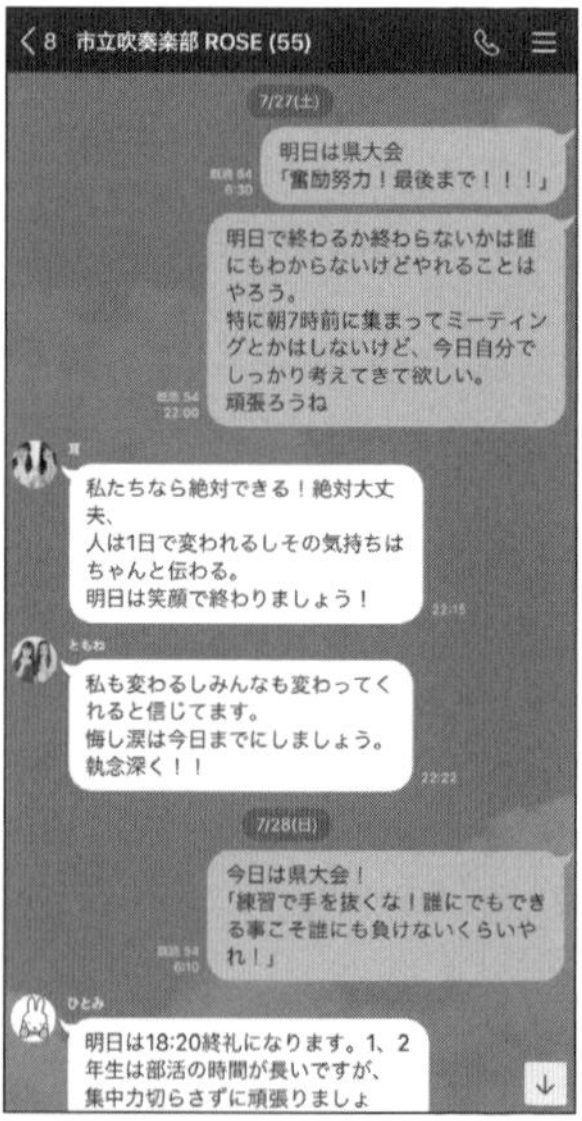

8 市立吹奏楽部 ROSE (55)
7/27(土)
明日は県大会 「奮励努力！最後まで！！！」
6:30
明日で終わるか終わらないかは誰にもわからないけどやれることはやろう。特に朝7時前に集まってミーティングとかはしないけど、今日自分でしっかり考えてきて欲しい。頑張ろうね
22:00
私たちなら絶対できる！絶対大丈夫、人は1日で変われるしその気持ちはちゃんと伝わる。明日は笑顔で終わりましょう！
22:15
ともね
私も変わるしみんなも変わってくれると信じてます。悔し涙は今日までにしましょう。執念深く！！
22:22
7/28(日)
今日は県大会！ 「練習で手を抜くな！誰にでもできる事こそ誰にも負けないくらいやれ！」
6:10
ひとみ
明日は18:20終礼になります。1、2年生は部活の時間が長いですが、集中力切らさずに頑張りましょ

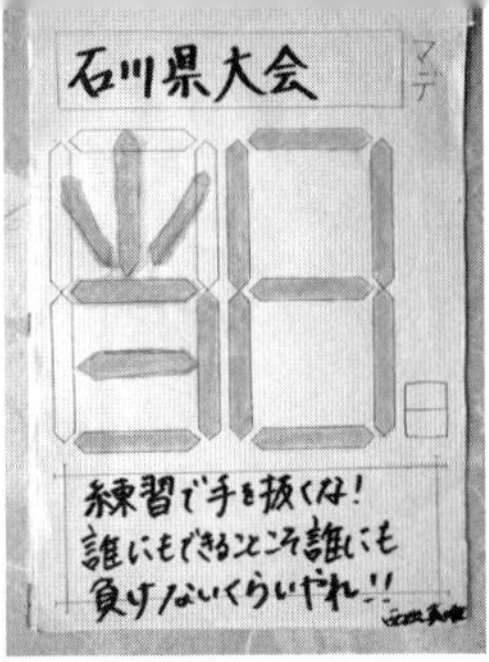
石川県大会
マデ
30
日
練習で手を抜くな!
誰にもできることこそ誰にも負けないくらいやれ!!

そして、当日の早朝。グループLINEにコムギが書き込んだのは、「練習で手を抜くな!」という日めくりカレンダーのマユの言葉だった。

石川県大会は小松市立にとって緊迫のステージとなった。コムギはまるで崖っぷちに立っているかのような気分だったが、迷いの消えたマユは「気持ちでは絶対負けない!」と力強くユーフォニアムを吹いた。

結果は金賞。石川県代表にも選ばれた。さらに、代表校の中でも第1位に贈られる朝日新聞社賞まで受賞した。

その日のフルートのパートノートに美実がこう書いている。

今日で北陸大会までちょうど2週間となりました。人生の中の2週間なんてあっというまですが、人生で1番辛くて濃い2週間になると思います。ならないとだめだと思います。たった12分間ですが、その12分間に3年間の思いを沢山詰めて演奏します。

早くも視線は北陸大会に向かっていた。それに対し、安嶋先生はこう返事を書いた。

石にかじりついてでもやる！のみです。

今日という一瞬は二度と戻ってこない

全国でもっとも早い支部大会、北陸大会は8月11日に予定されていた。

8月の予定が書き込まれているカレンダーのその日には「北陸吹奏楽コンクール　当日」と書かかれていた。しかし、カレンダーの最上段には目立つようにコムギがこんな書き込みをしていた。

No.

Date

7月28日　中村　美実　㊋ なし

〈予定〉

県大会当日！予定表通りです

〈反省〉

昨日、先生に お前らなんて負けてしまえ と言われて すごく悔しかったです。正直 私は当たり前のように県大会は通ると思っていました。甘く考えていました。県大会で北陸金賞を取れるような演奏をしないと全国なんて行けないと言われ 自分の意識の低さに反省しました。私は全国大会に行ったことがないので 未知の世界です。どんな練習をすれば北陸で代表になれるか私は分かりません。でも気持ちは分かります。どの団体よりも誰よりも全国大会に行きたいと言う気持ち、大好きなみんなを信じる気持ち、聞いて下さる方すべてに愛を届ける気持ちがあれば 全国大会に行けると思います。今日で北陸大会まで ちょうど2週間となりました。人生の中の2週間なんて あっというまですが 人生で1番辛くて濃い2週間になると思います。ならないとだめだと思います。たった12分間ですがその12分間に3年間の思いを沢山積めて演奏します。朝日新聞社賞をいただくことが出来ましたが、あくまでそれは全国大会への通過点です。私たちの目指しているところは県で1位ではないです。北陸で1位をとって全国金賞オールAです。まだまだやりきれていないところだらけなので これからもっと進化していきます。かける先輩の代や去年の中日本大会を越える演奏をしたければいけないと思うと今の私たちにそれだけの熱量はないと思います。3年生は最後なので それなりの気持ちはあると思います。けれど1・2年生を同じ気持ちにされるのはとても難しいです。藤村も言っていましたが 元からあるものを引きだすのは簡単だけど、その人に無いものを出すのはとても難しいです。作ってもらうしかありません。先輩の姿を見て後輩は育つと言いますが、私はそんな先輩になれているか きかれると自信をもって「はい」と今は言えません。全国大会で金賞をとってはじめて言えると思います。
今日は沢山よいんに浸って いっぱい喜んで 寝たいと思います。明日からは気持ちを切り換えて 前だけをみていこうと思います。

石にかじりついてでもやる！のみです。

全日本吹奏楽コンクール　10月20日
私たちの目標はここです!!

「目標は全国大会」と言っても、今までは北陸大会でコンクールは終わり、引退になっていた。今年は「10月20日に全国大会に出ることまでがスケジュールに入っているのだ」ということをみんなの意識に植え付けるため、コムギはそれを書いたのだった。

いまだ成し遂げたことがない全国大会出場を夢に見ながら、「人生で1番辛くて濃い2週間」は過ぎていった。

マユは燃えていた。部長でなくなった今、エースプレイヤーとして小松市立を名古屋に導くのが自分の役割だ。

マユはパートノート以外に、自分自身で練習の課題などを書き込む「レッスンノーツ」と名付けたノートを持っていた。そこには、コンクールに向けてマユが重ねてきた努力が言葉となって刻み付けられていた。

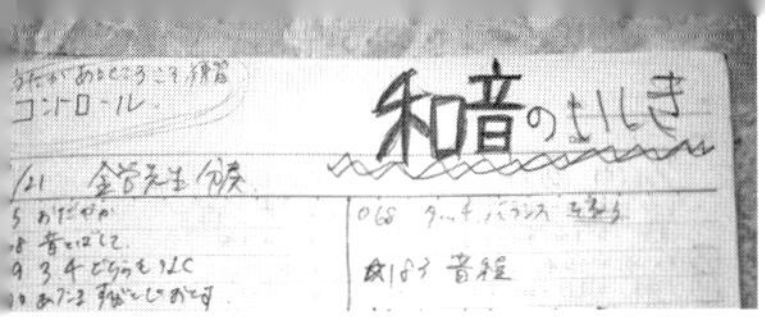

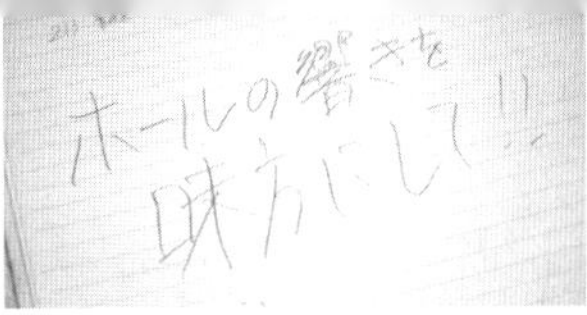

死ぬほど出だしそろえる

ホールの響きを味方にして!!

和音のいしき

また、北陸大会2日前、マユはパートノートにこんなことを書いている。

あと2日しかなくて、本当に時間がたつのが早いです。私たちが全国に行くんだ!!という強い気持ちがあれば、厳しい練習もへっちゃらなので、気持ちで負けません!!

絶対全国大会へ行ってみせる

コムギも、ときどき弱気になりつつも、マユと同様に自分自身を励ましていた。

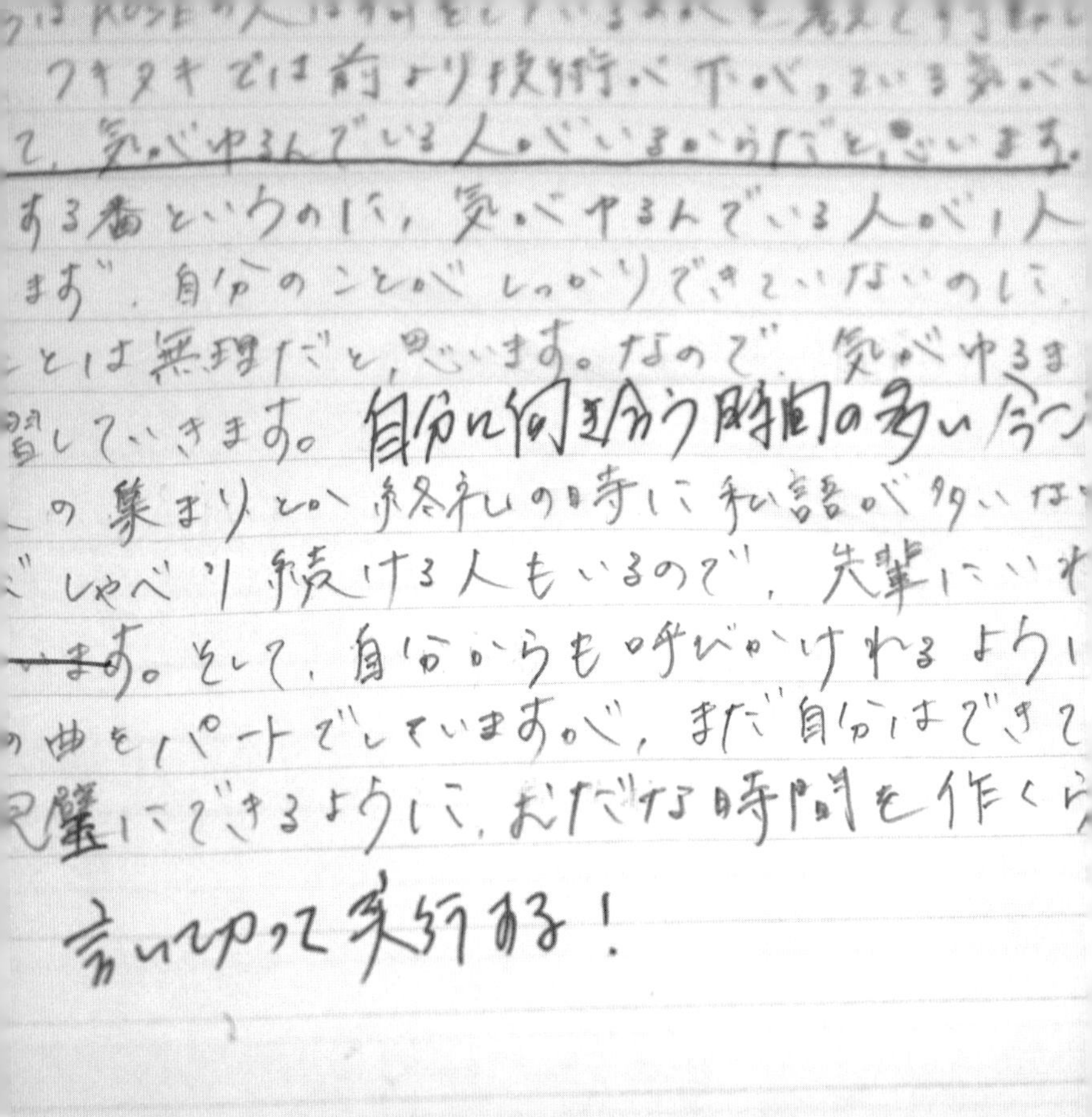
フキタキでは前より技術が下がっている気がし
て、気がゆるんでいる人がいるからだと思います。
する番というのは、気がゆるんでいる人が1人
まず、自分のことがしっかりできていないのに、
とは無理だと思います。なので、気がゆるま
習していきます。自分に向き合う時間の多い今こ
の集まりとか終礼の時に私語が多いな
しゃべり続ける人もいるので、先輩にいわ
います。そして、自分からも呼びかけれるように
の曲をパートでしていますが、まだ自分はできて
完璧にできるように、むだな時間を作くら
言い切って実行する!

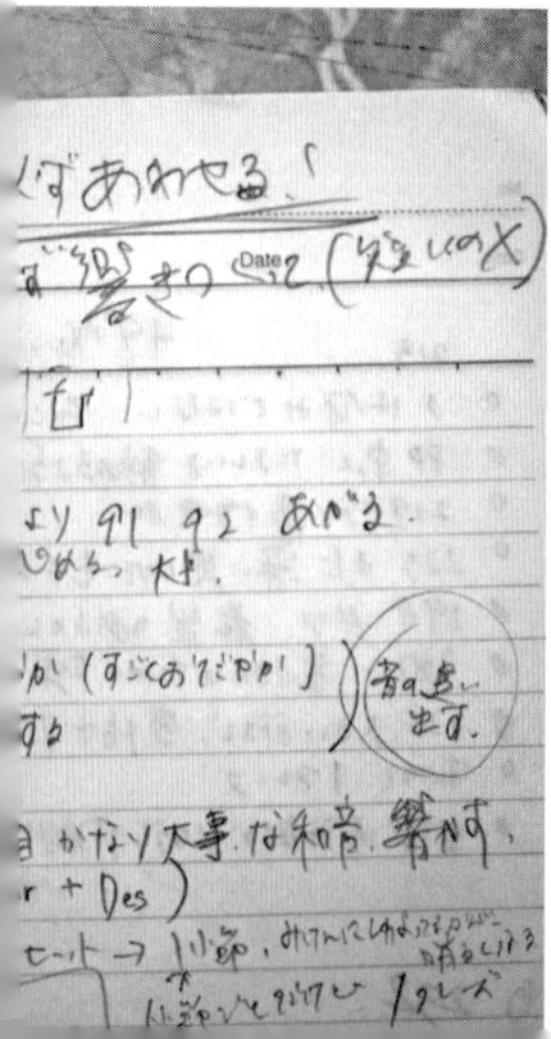

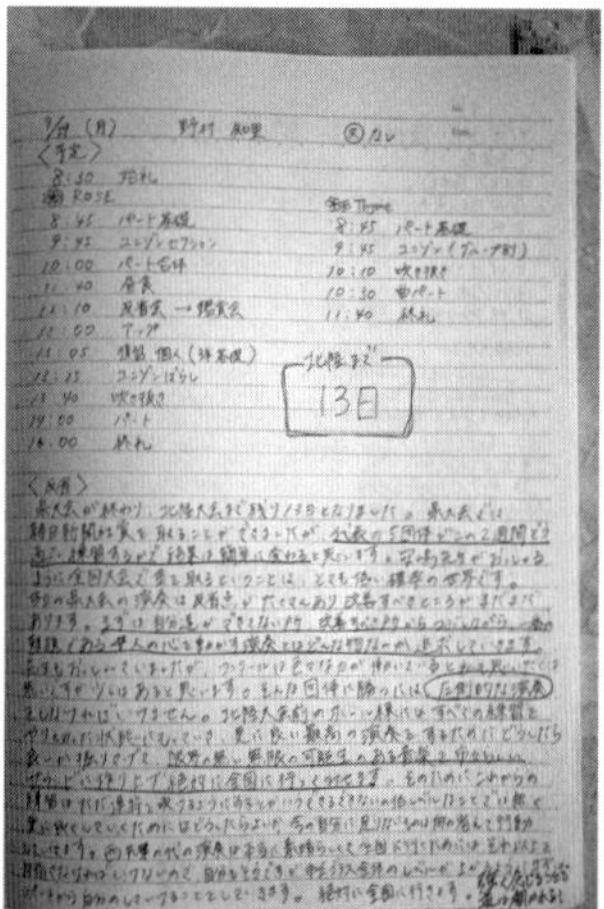
13日

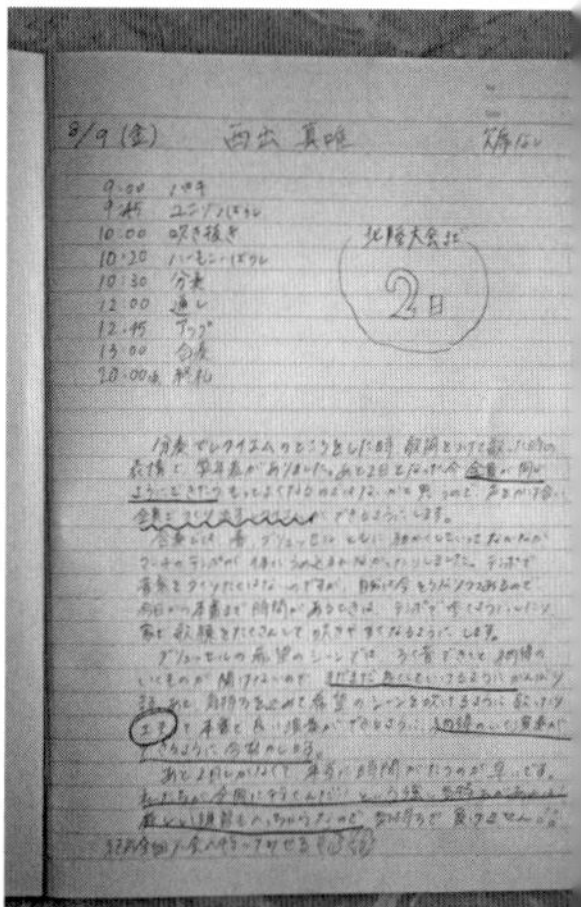
2日

落ち込むヒマはありません moving on
です。

…クオリティの低さや吹けなさに、焦りを
…からといって落ち込んでばかり。いられない
…聞いて、できていないと分かるところから
…します。先生が今日、合奏でもホール練
…が、課題曲の符点のリズムが
…合奏でも符点の練習をしている
…いということは正しく練習できていない

刻み込みの
甘さが

8/9(金)　中村 美実　回たし

〈予定〉

予定表通りです。

北陸大会まで

2日

〈反省〉

県大会が終わりあと13日からあと2日となりました。長いような短いような一日一日がとっても濃い日だったと思います。

全国大会に行ったことがない私にはどこまでやればいいのか分からないしどれだけ仕上げなければいけないか分かりません。目の前にある自分の課題を1つずつクリアしていくしかありません。明峰がどんな思いで北陸大会に挑んでくるのか武生商業がどんな演奏してくるのかとても不安だし、怖いです。ですが今の私たちは負ける気がしません。勝つイメージしかありません。絶対に全国に行きたいし、行きます。強化練習3日目ということで、みんなの顔や音、全体の雰囲気に疲れがみえます。折り返し地点でそうなる気持ちは分かるし、自分も気をぬいたら良い表情ではなくなると思います。ですがそんな時ほど誰よりも明るい返事で誰よりも良い表情で過ごします。よく先生は雰囲気は伝染するとおっしゃいます。なので私がその発信源となれるようにします。時間はどのチームにも平等にあたえられています。どう過ごすかあと1日あるのでもう一度考えなおして気持ちを切り換えていきます。去年と同じような思いはもうしたくありません。悔し涙は一度で十分です。大好きな54人と中嶋先生ともっと部活がしたいです。名古屋に行きたいです。出来ます。みんなを信じて2日間頑張ります。残りの日で自分の不安なところを解決して不安要素ゼロでステージの上で演奏します。気持ちを強くもって We are the champions

沢山の先輩方の思いを背負って2日後全国大会行きの切符を必ず手に入れます。

…のも、
今日した
が終わ
サポート
思います
するとい
しめて、
Thyme の
しても、ま
~~いけない~~
今は、出
めっだので、

…って吹く。
サウンド大事に
キレ合奏出して!
出だ

春　8
…不足！長くとって　G
…はずみ気味
…としてレガート　.89
…レガートなのかなと迷いがする　.94
パリパリ
9 10
…音符 音価分のばす
…まりから大事!
.112
…わせる(9)
…かんじさせる mf で　J
…mf に戻す(リタリテン…UP)

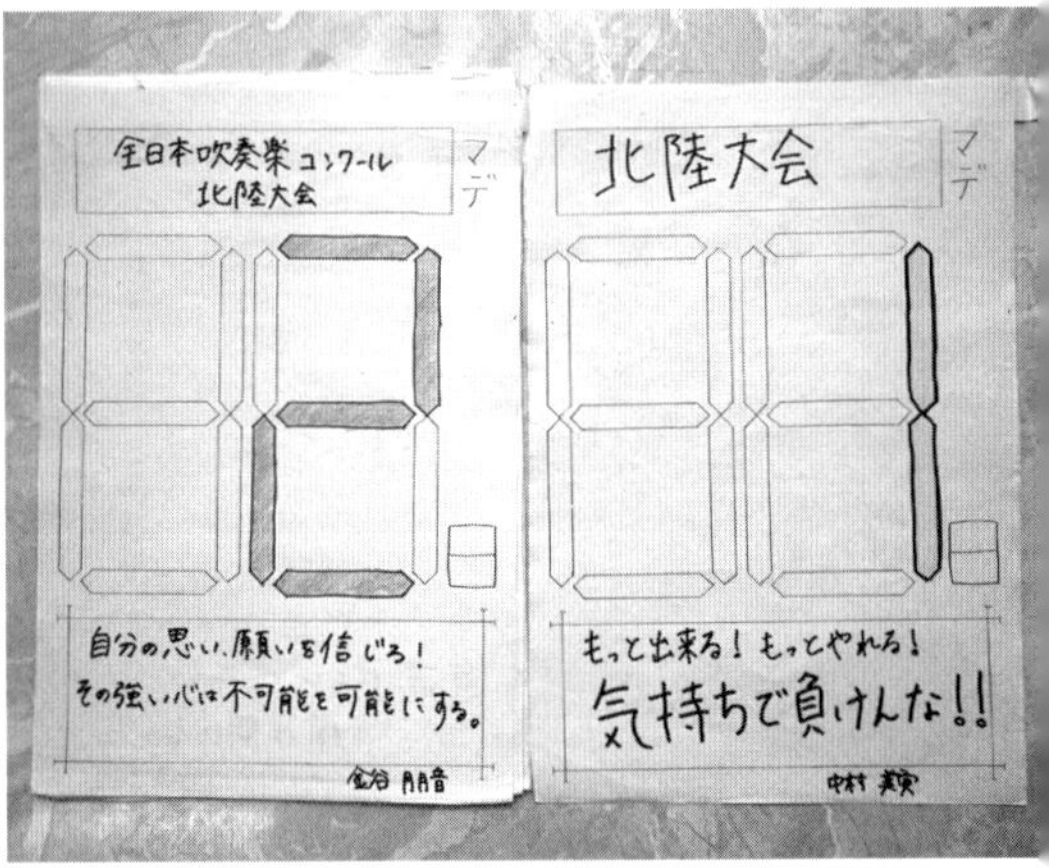
北陸大会
マデ
もっと出来る！もっとやれる！
気持ちで負けんな!!
中村 美実
全日本吹奏楽コンクール
北陸大会
マデ
自分の思い、願いを信じろ！
その強い心は不可能を可能にする。
金谷 朋音

「去年も一昨年もうちはいい演奏をしとったのに、武生商業や小松明峰に勝てんかった。なんでやろ……ってずっと考えてきたけど、わかった。うちに足りんかったのは〝気持ち〟や。よし、決めた。命がけで代表をとりにいく！」

二人の部長の〝気持ち〟は、重なった。いや、今や小松市立のローズチーム55人の〝気持ち〟が一つになっていた。

北陸大会2日前の日めくりカレンダーに、副部長の金谷朋音がこんな言葉を書いていた。

自分の思い、願いを信じろ！
その強い心は不可能を可能にする。

北陸大会前日にはもう一人の副部長、中村美実がこう書いていた。

もっと出来る！　もっとやれる！

気持ちで負けんな!!

そして、北陸大会当日の日めくりカレンダーは後期部長であるコムギが書いた。

“We Are The Champions”

今日という一瞬は二度と戻って来ない

北陸吹奏楽コンクール
当日
"We Are The Champions"
今日という一瞬は
二度と戻って来ない
藤村小麦

クイーンの名曲《ウィー・アー・ザ・チャンピオン》は安嶋先生が金沢桜丘高校時代から大切にし、みんなで歌っている「勝ち曲」。北陸のチャンピオンになり、全国大会に出るのだ！

マユは改めて《ブリュッセル・レクイエム》の楽譜を見た。この曲は実際にベルギーのブリュッセルで発生したテロを題材にしている。静かな出だしからテロの混乱、犠牲者を悼むパートを経て、最後は明るい希望を奏でる曲だった。

マユの担当する大事なユーフォニアムのソリは、希望の部分の始まりに当たっていた。楽譜には大きな文字でこう書いてあった。

泣かせる

聴く人を泣かせるような演奏をする、という意味だったが、マユはこう思った。

「今日の演奏で安嶋先生を泣かせよう！」

そんな演奏ができれば、きっと全国大会への扉が開くはずだ。

ところが、先生は本番前にチューニングルームで最後の通しをしたとき、早くも涙を流した。先生が本番前に泣くのは、長い指導者生活で初めてのことだった。それほどまでにローズの55人の演奏は高まりを見せていたのだ。みんなも泣いた。

小松市立の出演順は3番。最高の状態で55人は北陸大会のステージに登場し、安嶋先生の指揮で課題曲《行進曲「春」》と自由曲《ブリュッセル・レクイエム》を奏でた。

もしも代表になれなければ、この12分間で引退になる。だが、コムギはそんなことは考えもしなかった。フルートを吹きながら仲間たちの顔が見えると、グッと来た。

マユはユーフォニアムのソリの直前、人生で経験したことのない緊張に襲われた。

「いや、緊張してる場合やない！　強い気持ちを、感動を客席に届けるんや！」

マユはそう自分を鼓舞し、全身全霊でユーフォニアムを奏でた。

コムギはマユの気持ち、みんなの気持ちを感じた。小松市立に足りなかった〝気持ち〟というピースがはまった。完璧ではなかったが、納得のいく演奏ができた。

表彰式にはマユたち前期の幹部3人が出る

賞状
金賞
北陸代表 高等学校A部門
小松市立高等学校
貴吹奏楽団は第60回北陸吹奏楽コンクールにおいて頭書のとおり優秀な成績を収められたのでこれを賞します
令和元年8月11日
北陸吹奏楽連盟
非常口

ことになった。まずは金賞を受賞。次はいよいよ北陸代表の発表だ。マユの胸の鼓動はこれ以上ないくらい速くなった。会場の誰もが固唾を呑んで見守っている中、会場にアナウンスが響いた。

「3番!」

その瞬間、歓喜の悲鳴が上がった。2019年の全日本吹奏楽コンクール・高校の部、全国で最初に出場が決まった団体――それは小松市立だった。

マユはステージ中央に進み出て、代表校に与えられる大きな

赤い代表旗を受け取った。

思わず涙がこぼれそうになるのをこらえた。今まで悔し涙ばかり流してきた。今年は何度泣いたかわからない。部長を降りるという屈辱も味わった。けれど、マユの心が完全に折れてしまうことはなかった。どんなことが起こっても、「全国大会に行きたい！」という気持ちがマユを支え続けてきた。

そして今、マユの手には夢にまで見た北陸代表の証があった。それは大きくて重い「名古屋行きの切符」だった。

表彰式が終わった後、マユは代表旗を持ち、とびきりの笑顔でみんなのところへ行った。みんなは泣き笑いで迎えてくれた。

「このメンバーでやってくることができて、本当によかった！」

マユは心からそう思った。

「これから10月20日まで、最高に濃い日々を過ごしていこう。高校を卒業し、大人になり、歳をとっても、いつだって鮮明に思い出せるくらい記憶に焼き付く時間にしよう！」

一方、コムギはその日、パートノートにこんなことを書いた。

安嶋先生が言っていたように、ここが私たちの目標のスタートです。私たちが行けるということは、かわりにどこかが行けないということで、同じような気持ちで臨んできた人たちが涙をのんだということです。（中略）小松市立は全国初出場ということもあって、全国の人は私たちの音楽を知らない人が多いし、なんで市立が全国に行くのだろうと思っている人がいると思います。全ての人が北陸代表の小松市立がよかったと思えるような、名前も知らないのに感動できるような音楽を届けられるように、私たちの力を発揮します。

安嶋先生はコムギの成長を感じながら、「北陸に小松市立あり！と思ってもらえるように」と赤で返事を書いた。

No.

NO.

DATE

8/11(日) 藤村 小麦 欠 なし

〈予定〉

5:45 集合

※予定表通りです

12:00 本番

北陸大会 当日

〈反省〉

県大会に向かうまで、そして県大会から北陸大会までの間で、いろいろなミーティングをしてきました。気持ちの面や演奏技術の面でたくさん問題があって、何回3年生で話しても、学年を越えて話しても、パートリーダーで話しても、解決しないことばかりでした。やっと気持ちが整ってかたまってきたというときにはもうすぐそこに北陸大会があったし、正直口でいくら全国大会に行けると言っても心配なことばかりでした。そん中で金賞代表というものが頂けて本当に嬉しいし、何よりたくさんの人が私達を応援してくれていたことに気付くことができました。でも、安嶋先生が言っていたように、ここが私たちの目標のスタートです。私たちが行けるということはかわりにどこかが行けないということで、同じような気持ちで臨んできた人たちが涙をのんだということです。去年、おととしと、その立場だった身からその悔しさははかり知れないものだと思います。小松市立は全国初出場ということもあって、全国の人は私たちの音楽を知らない人が多いし、なんで市立が全国に行くのだろうと思っている人がいると思います。全ての人が北陸代表の小松市立でよかったと思えるような、名前も知らないのに感動できるような音楽を届けられるように私たちの力を発揮します。今からは部活と受験の両立を頑張っていきます。

北陸に小松市立あり!

と思ってもらえるように。

その後、コムギやマユたちは熱い夏を過ごした。視聴覚室に掲げた「全国金賞オールA」を実現するために。週末になると各地で支部大会が行われ、代表が決まっていった。強豪校が名乗りを上げるたびに、恐れと同時に喜びを感じた。自分たちはそんなすごい学校と同じステージに立つことができるのだ、と。

全国大会では9人の審査員がA・B・Cで相対評価をする。全員にAをもらう「オールA」がどれほど難しいことか、たとえ初出場でもコムギやマユたちにはわかっていた。しかし、敢えて高い目標を設定した。

実際に10月20日を迎えたとき、小松市立にどんな結果が待っているのかはわからない。きっとその日、コムギはパートノートを書くだろう。紙の上に刻みつけたいのは、こんな言葉だ。

今までの人生で、今日の12分間は一番幸せでした。

とびきりに波乱万丈だった2019年。いろいろなことがあったけれど、あれほど夢見ていた全国大会が終わるとき、吹奏楽部での日々もまた終わる。たとえどんな結果が待っていようと、その先はない。儚《はかな》い最後の12分間、小松市立にとって初めての挑戦を最良のものにするために、コムギやマユたちは残された日々に青春のすべてを注ぎ込む。

「今日という一瞬は二度と戻って来ない」のだから。

【全日本吹奏楽コンクールまで、あと55日】

小松市立高等学校吹奏楽部(石川県)

石川県小松市にある公立高校。読み方は「しりつ」だが、通称は「いちりつ」。1960年に小松市立女子高校として開校、1996年より共学になり、校名を変更した。2019年度の吹奏楽部員は91人。北陸大会20回目の出場で全国大会初出場を決めた。

安嶋俊晴先生

1967年生まれ。石川県出身。金沢大学教育学部卒。2003年、一般楽団の百萬石ウィンドオーケストラを指揮し、全日本吹奏楽コンクールに初出場。2012年には金沢桜丘高校を指揮し、全日本吹奏楽コンクールで金賞受賞。担当教科・音楽。

No. 04
Date 2019.9

“命がけ”の全国大会。そして、僕たちは大人になる…

福島県立
磐城高等学校
吹奏楽部
（福島県）

福島県内屈指の進学校であり、吹奏楽の名門校でもある磐城高校。吹奏楽部員たちは受験のプレッシャーを感じながら全国大会に向けて練習を続けていた。それが高校生活最後の演奏になることを、彼らは知っていた——。

[副部長]
照井夏央《なお》さん
(3年生・
ユーフォニアム)

[部長]
佐久間悠生《はるき》くん
(3年生・
バリトンサックス)

泣き虫部長の決意

２０１９年5月5日、福島県立磐城高校吹奏楽部の記念すべき第30回定期演奏会が終わった。

新入部員が入ってきてから、わずか3週間足らず。80人体制となった吹奏楽部は、間に学力テストや学習合宿といった進学校ならではの行事を挟みながら怒涛のような練習の日々を経て、見事に定期演奏会を成功させた。

中でも、部長でバリトンサックス担当の「ジャクソン」こと佐久間悠生は大変な思いをした。新入部員が新しい環境に溶け込めるように配慮しつつ、全員が「東北を代表する名門校」にふさわしい演奏ができるように音楽を高めなければならない。

プレッシャーのかかる状況だったが、ジャクソンは大切にしている黒い手帳を片手に、部内を走り回った。先代の部長から「頑張れよ！」という激励の言葉とともに贈られた手帳だった。

その結果、客席は満員になり、大成功の演奏会となった。

打ち上げの席で、ジャクソンはみんなの前に立った。眼鏡の奥の瞳は熱く潤み、涙がボロボロとこぼれ落ちていた。同じ3年生は「また泣いてるよ」という表情で笑いながらも、ジャクソンの挨拶を温かく見守った。

「今年は、命をかけて全国大会で金賞をとるので！　これからもよろしくお願いします！」

部員たちからの喝采を浴びながら、ジャクソンは頭を下げた。

（みんなの前で泣くなんて、かっ

こ悪いな……）

そう思っても、ジャクソンの涙はとめどなく流れ続けた。

ジャクソンが吹奏楽を始めたのは中学校から。男子部員が少ない部活だった。「マイケル」というあだ名の男子の先輩がいたことから、「ジャクソン」と呼ばれるようになったが、「みんなに親しんでもらえる」と本人もそのあだ名が気に入っていた。

中学時代は全国大会に縁はなかったが、3つ上の姉が磐城高校吹奏楽部に所属し、パーカッションを担当していた。毎日キラキラと輝きながら部活にのめり込んでいた姉は、高2で全日本吹奏楽コンクールに出場。その年、磐城高校は自由曲に《「無伴奏ヴァイオリン・パルティータ 第2番 ニ短調」よりシャコンヌ》を演奏し、見事金賞を受賞した。

「自分もあんなふうになりたい！」

ジャクソンは姉を尊敬し、磐城高校へ進学することを夢見るようになった。

自分の学力に見合う学校として磐城高校を志望したのではなく、「磐城高校吹奏楽部に入りたい！」という気持ちが先にあり、そのために必死で勉強して、合格を勝ち取ったのだ。

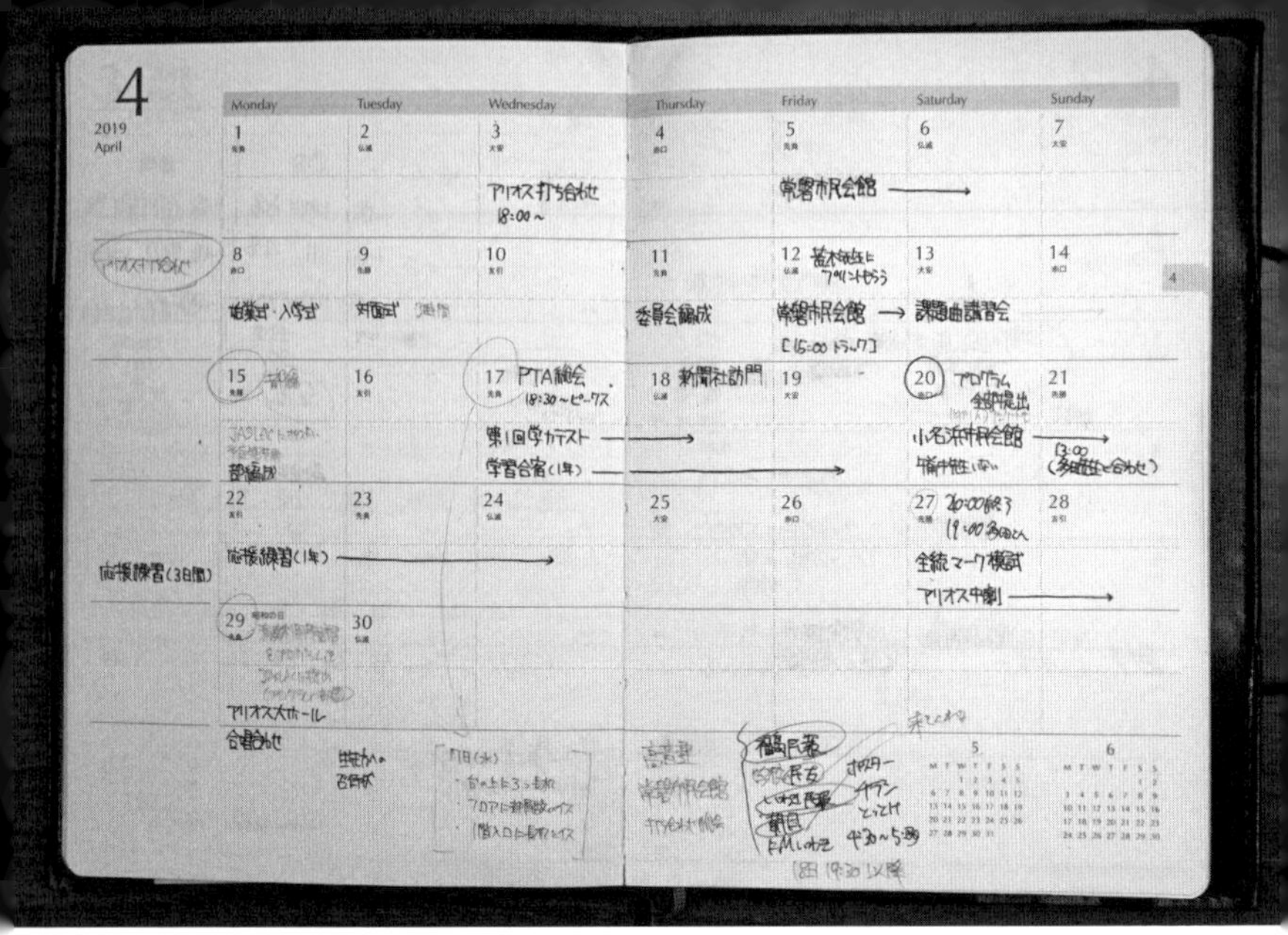

それほど磐城高校吹奏楽部への思いは強かった。

基本的に控えめで、特別に目立つタイプでもないが、内には情熱を秘めている。感情が高ぶると、つい涙となって溢れ出てしまう――それがジャクソンだった。

ジャクソンの磐城高校吹奏楽部への入部と同じタイミングで、顧問が長年勤めた根本直人先生から橋本葉司先生へと変わった。

葉司先生は磐城高校吹奏楽部のOBで、同じ福島県内の平商業高校と湯本高校を全日本吹奏楽コンクールに7度導いた人だった。

ジャクソンは最初こそ「先生が変わって大丈夫かな……」と不安に感じたが、合奏練習のときにニコニコ笑顔で指揮をする葉司先生を見て、「あぁ、先生は心から音楽を愛しているんだな。この先生ならきっと大丈夫だ」と思った。指導の際にはめったに怒らず、部員が自分たちでどうすべきか考えるように働きかけてくれた。

磐城高校は三出休みを除いて2001年から全国大会に連続出場していたが、葉司先生の着任1年目でも全国大会出場を継続した。

そして、翌2018年、ジャクソンは初めてコンクールメンバーに選ばれ、全日本吹奏楽コンクールの舞台に上がった。演奏したのは、リヒャルト・シュトラウス作曲《歌劇「ばらの騎士」組曲》だった。

全国大会で輝いていた姉の姿に憧れて選んだ磐城高校への進学だったが、ついに姉と同じステージに立つことができたのだ。ジャクソンは演奏後に感極まって号泣した。

審査結果は、3年連続の銀賞だった。

「来年も必ずここに来よう。そして、絶対に金賞をとろう！」

ジャクソンはそう心に誓った。

勉強と部活……進学校ゆえの葛藤

磐城高校吹奏楽部は学校の一角に立つ創立百十周年記念館「ピークス110」を専用練習場として使用している。ドアが赤、黄、緑などカラフルな色で塗られたパートごとの練習室があり、吹奏楽コンクール福島県代表の盾などが飾られた階段を上がると合奏場がある。公立高校としては、かなり恵まれた環境だ。

80人の部員たちは、橋本葉司先生とともにこの場所で日々練習を重ねてきた。

磐城高校吹奏楽部は、基本的に部員たちが中心となって自主的に運営されている。1日の練習メニューを自分たちで決め、基礎合奏なども学生指揮者が先頭に立って自分たちで行っている。

ジャクソンにとって、高校生活で何より大切なのは吹奏楽部で過ごす時間だった。しかし、福島県内ではトップクラスの進学校である磐城高校では、3年生になると周囲は受験ムードに染まる。全国大会のある10月下旬まで部活動を続けるのは吹奏楽部くらいだ。

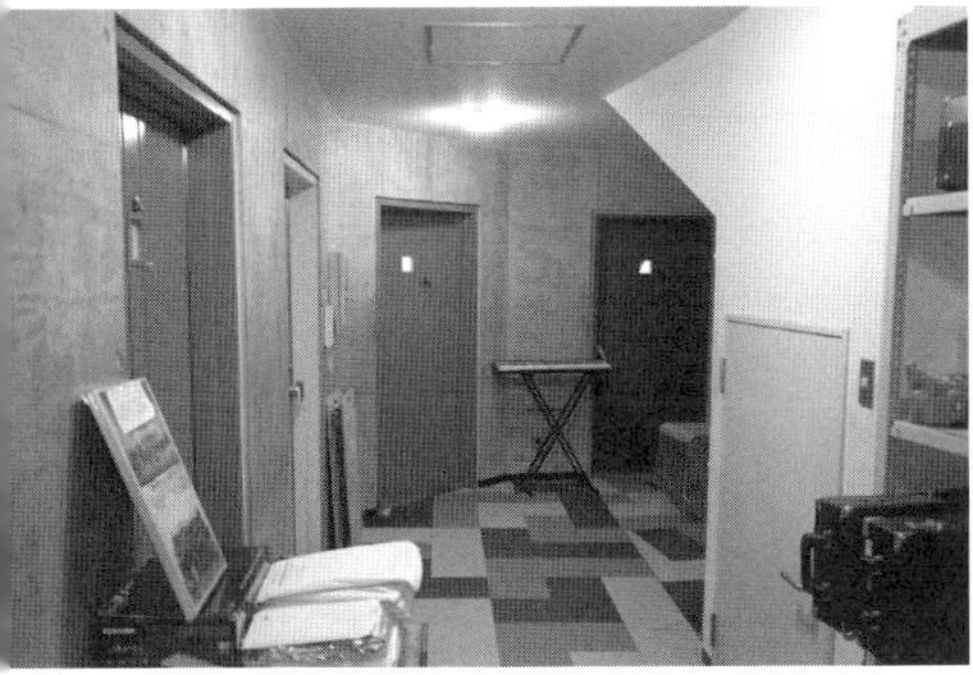

国立大学への進学を希望しているジャクソンも、もちろん、受験のことは気がかりだ。センター試験は、全国大会のおおよそ90日後なのである。

ジャクソンは登下校で電車を待っている間や乗車している時間、あるいは学校の休み時間を活用してテキストに目を通すようにしている。また、部活が終わった後、公共の自習スペースで集中して勉強してから帰宅する。そうやって少しでも勉強時間を確保していた。

それでも、やはり部活動を優先したいとジャクソンは思っている。自分は吹奏楽がやりたくてここへ来たのだから。

だが、ジャクソンとは考えが異なる部員たちもいた。

「勉強を優先したい」

「受験があるから」

そう言って、コンクールシーズンが始まる夏までに退部を申し出る3年生たちがいた。

もちろん、部長であるジャクソンは「ここまで一緒にやってきたんだから、最後まで続けてくれよ」と説得した。自分は「命をかけて」吹奏楽をやってきたのに、お前たちはそうじゃないのか⁉　煮えたぎるような思いだった。

退部問題では、ジャクソンや副部長の「ナオちゃん」こと照井夏央、学生指揮者、パートリーダーといった幹部が集まって話し合いも行われた。

「僕は、やっぱり退部はしてほしくない！」とジャクソンは訴えた。

だが、他のメンバーは冷静だった。
「部活より勉強を優先するというのは、きっと悩んだ末に決めたことだから」
「引き止めるより、応援してあげたほうがいい」
そう言われて、ジャクソンも考えを改めた。同じ吹奏楽部にいても、人それぞれに思いは違う。相手の思いにダメ出しして自分に同調させるのではなく、尊重してあげるべきなのではないか？　今まで一緒にやってきた仲間だからこそ、相手の決断を認め、後押ししてあげたほうがいいのかもしれない……。

悩んだ末、ジャクソンは退部者を快く送り出すことにした。一方、この出来事によってジャクソンの吹奏楽への思いはさらに強いものになった。

「考えは人それぞれだ。勉強も大学も大事だと思う。でも、やっぱり僕にとっては、高校生活の3年間を吹奏楽に捧げることこそ一番大事なことだ。この経験は何にも代えられないんだ！」

だから、全国大会で金賞を目指す——ジャクソンの目に、また涙があふれてきそうになった。

楽譜に書き込んだ「弦楽器の表現」

吹奏楽コンクールに挑むにあたって、葉司先生は課題曲を《ビスマス・サイケデリアⅠ》

ス・サイケデリア I
uth Psychedelia I
HIKAGE, T
1 player

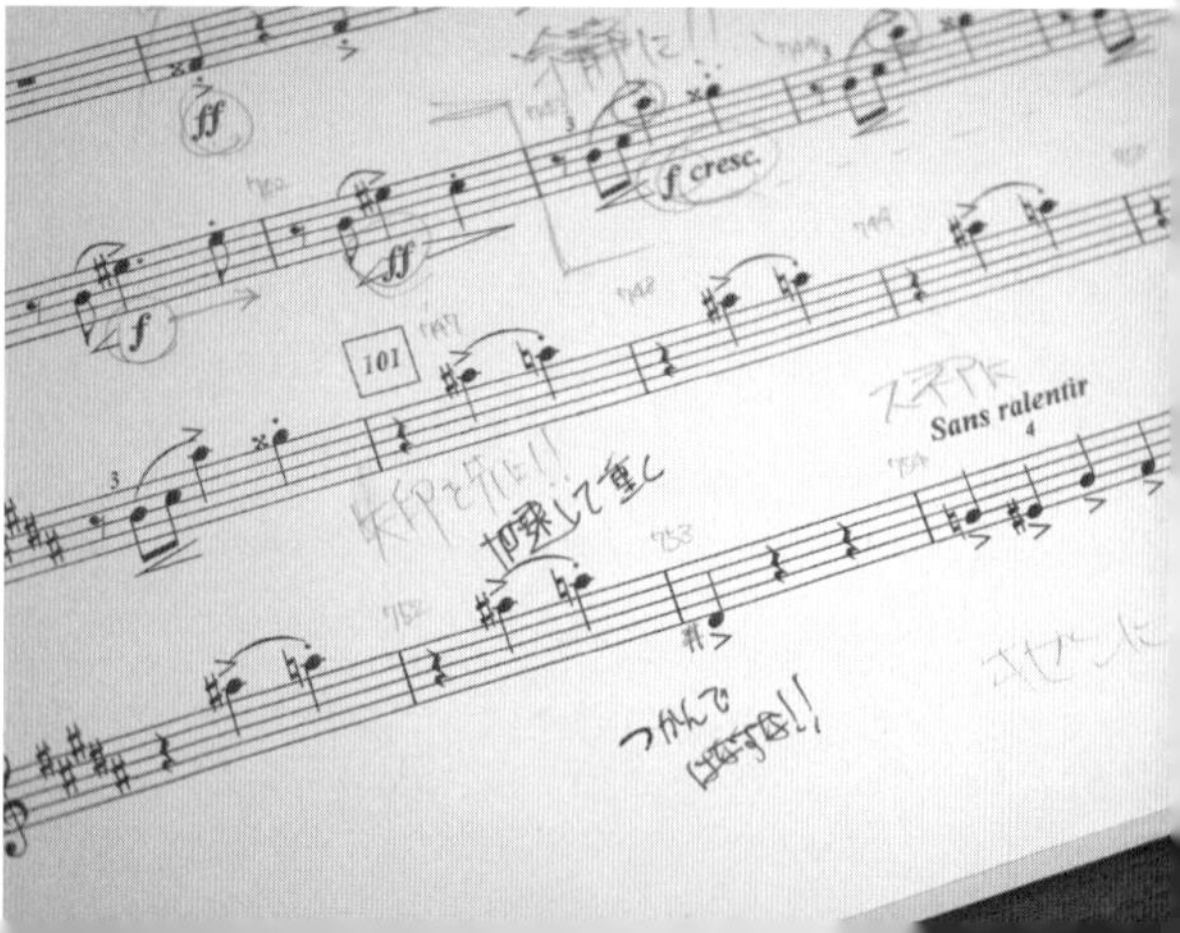
ff
f cresc.
101
Sans ralentir

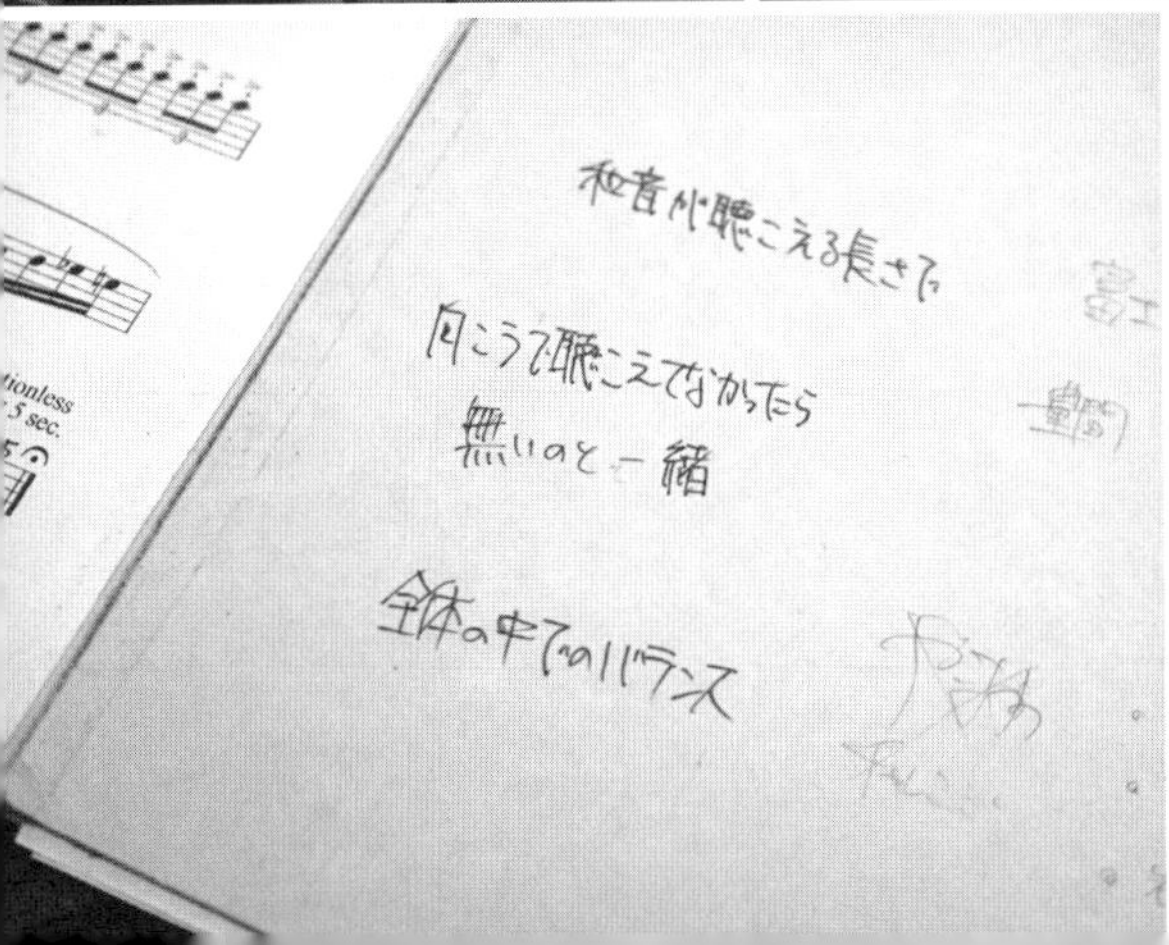

和音が聴こえる長さで
向こうで聴こえてなかったら
無いのと一緒
全体の中でのバランス

E♭ Baritone Saxopho

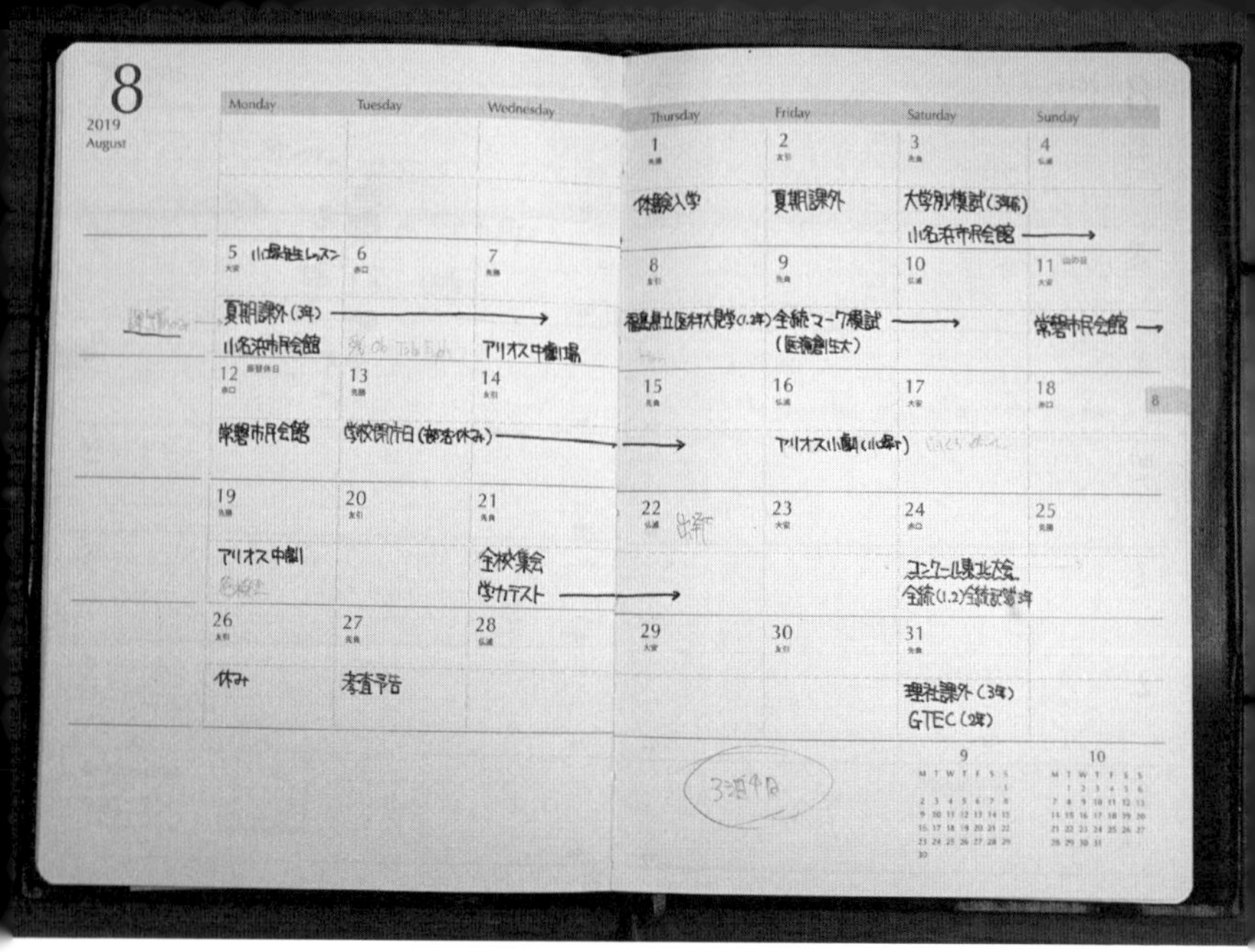

に、自由曲をモーリス・ラヴェル作曲の《ラ・ヴァルス》に決めた。タイトルの「ラ・ヴァルス」とはフランス語でワルツを意味しており、もともとはオーケストラのための曲だ。

「《ラ・ヴァルス》は音楽的な表現が難しいが、生徒たちには『困難な名曲に挑戦した』という経験になり、成長にもつながるだろう」

そんな思いを込めた選曲だった。

バリトンサックスを担当するジャクソンは、いかにチェロやコントラバスといったオーケストラで使われる弦楽器の響きを表現するか、というところでもっとも苦労した。

弦楽器は音の出だしが極めて繊細で、音の移動も滑らかにできる。一方、管楽器はどうしても発音と音の移動がはっきりしてしまう。特にバリトンサックスはそれが顕著な楽器だ。ジャクソンは弦楽器のような表現ができるよう、同じ木管楽器のメンバーと相談しながら練習を重ねた。

もっとも重点を置いたのは、前半でクラリネットやアルトサックス、テナーサックスなどとともに演奏する優雅なメロディだ。ここを弦楽器的に演奏するため、ジャクソンは楽譜に上昇・下降を示す矢印や「Ｕｐ」「Ｄｏｗｎ」という文字を書き込んだ。弦楽器を演奏する際の弓の動きを「ボーイング」と呼ぶが、ジャクソンの書き込みは弓を上向きに動かすか（アップ・ボウ）、下向きに動かすか（ダウン・ボウ）ということを意味していた。オーケストラでのボウイングをイメージしつつ、そこに現れる表現を自分のものにしようという意思の現れだった。

ボーイングの表情
たっぷり上品に

ジャクソンは楽譜の曲名の周囲にも、一番の課題を書き込んだ。

ジャクソンの手帳の7月のスケジュールには、赤の波線で強調された予定が2つ書かれている。13日の「コンクール地区大会」と、27日の「コンクール県大会」だ。

前年に全国大会に出場している磐城高校はいわき地区大会はシードされるが、シード演奏を披露する必要があった。

しかし、勉強が重視される磐城高校では課外授業や模擬テストなども多く、ジャクソンの手帳にはそういった予定も多く書き込まれていた。必然的に練習時間は限られる。現代音楽の《ビスマス・サイケデリアI》、難曲の《ラ・ヴァルス》の練習は苦戦が続いた。

その結果、いわき地区大会でのシード演奏は散々なものになった。特に、《ラ・ヴァルス》は最大のポイントである音楽表現がおざなりで、「とりあえず楽譜どおり演奏しました」という味気ないものとなってしまった。

「このままだとやばい……」

ジャクソンを中心に部員たちは危機感を持って練習に臨み、どうにか2週間後の県大会では第1位に相当する「県知事賞」を獲得して東北大会に駒を進めた。

しかし、ジャクソンは自分が書き込んだ8月のスケジュールを見て愕然とした。他の強豪校が毎日長時間の練習を行い、もっとも充実した時間を送る夏休みに、磐城高校は模擬テストや課外授業があり、お盆の3日間は学校が完全に閉まってしまう。徹底して練習できる日にちは数えるほどしかなかった。

「今年は絶対に全国大会に出なきゃいけないんだ！　命をかけて頑張ろう！」

ジャクソンはそう思った。

自分にとって高校生活最後の年だから、ということもあったが、それだけではない。２０１９年は磐城高校にとっての20回目の全国大会出場、橋本葉司先生の通算10回目の全国大会出場がかかっていた。定期演奏会もちょうど30回目だった。そして、橋本葉司先生は60歳で定年を迎える年でもあったのだ。

先生は「特に意識せず、自然体でコンクールに臨もう」と考えていた。もしかしたら、再任用で磐城高校に残れるかもしれない。

しかし、ジャクソンたちにとっては、自分たちのためにも、葉司先生のためにも、メモリアルイヤーの２０１９年に全国大会出場を逃すわけにはいかなかった。

迎えた8月24日の東北大会。

その日は模擬テストがあり、吹奏楽部員以外はみんなそれを受けている。勉強のこと、受けられなかった模擬テストのことが気にならないでもなかったが、それ以上に気になるのは練習時間が足りなくて楽曲を完全に仕上げきれていなかったことだった。

「とにかく、目の前のコンクールに集中しよう」

ジャクソンはそう思った。

会場の岩手県民会館には、同じ福島の良きライバルであり、葉司先生の前任校でもある福島県立湯本高校、宮城の強豪・聖ウルスラ学院英智高校、近年上り調子の宮城県多賀城高校、秋田の古豪・秋田南高校、山形を代表する山形県立山形中央高校や山形県立鶴岡南高校などが集結した。全24校のうち、代表に選ばれるのは3校のみだ。

磐城高校は14番目の登場となった。男子部員は制服である学ラン、女子部員は制服のジャケットに衣装のスラックスという服装だった。

ステージに登場したときから、55人のメンバーはいつも以上の緊張感を漂わせていた。

葉司先生が指揮台に上がり、課題曲《ビスマス・サイケデリアI》の演奏が始まった。

ジャクソンの楽譜にはいくつもの書き込みがあった。特に、音の方向性のイメージを赤い線で矢印を描いたり、他パートと合わせるべきポイントを丸印で囲んだりしてある。

現代音楽である《ビスマス・サイケデリアI》はわかり

やすいメロディもなく、拍子も複雑に変化するため、合わせどころが非常に難しい。練習でも、特に曲の中間部分で合わせるべきパートがずれてしまうというミスがよくあった。

「あの部分、大丈夫かな？」

ジャクソンはかすかにそんな不安を抱いていたが、まさにそれが大事な東北大会で現実のものとなってしまった。

ちょうどバリトンサックスは休みの部分だったが、木管のパッセージが明らかにずれてしまったのだ。

「あっ、やばい！」

ヒヤッとしたものが背筋を駆け抜けた。他のメンバーも気づいたようで、ほんの一瞬の間に数人と視線が合った。みんなも同じことを思っていたようだ。

だが、救いだったのは、ずれた直後にトランペットやトロンボーン、ホルンが正しいタイミングで音を響かせ、それをきっかけに軌道修正ができたことだった。

実は、もともとパートリーダーを集めてミーティングをしたときに、「もしここでずれたら、ここで合わせよう」という約束事を決めてあった。東北大会でずれた部分はその中に含まれていなかったが、どうやら金管セクションが自分たちでもしもに備えてくれていたようだった。

ジャクソンは、改めて磐城高校の仲間たちを頼もしいと感じた。

この軌道修正は自由曲にも良い影響を与え、磐城高校の演奏はずれた部分以外はおおむね成功と言っていいものとなった。

「14番、福島県立磐城高等学校!」

表彰式で、東北代表として学校名がアナウンスされると、客席でメンバーが歓喜に湧いた。代表者としてステージに出ていたジャクソンはそれを見てホッとした。そして、代表校に贈られる美しい盾を受け取った。

しかし、いつもなら感極まっているジャクソンの目に涙はなかった。そのとき、心はすでに名古屋に向かっていたのだ。

スマホのメモアプリに打ち込んだ目標

副部長の「ナオちゃん」こと照井夏央は、ジャクソンとともに磐城高校吹奏楽部を引っ張っている。といっても、ふたり揃って「強いリーダーシップでグイグイとみんなを導く」というタイプではなかった。

特に、ナオちゃんはもともとおとなしいタイプで、人前に立つのは苦手だった。

磐城高校には、中学校時代に部長や副部長を経験してきている者が多く集まっており、自分の意見をはっきり言える者もいた。だから、自分が部員の投票で副部長に選ばれたときは驚いた。

「え……私でいいのかな……」

吹奏楽の名門校である磐城高校の副部長など、自分にはできないと思った。みんなの前に立ちながら、リーダーとして役割を果たせず、集中砲火を浴びる自分を想像して怖くなった。

しかし、「ナオちゃんが私より適任なんじゃないか」と思っていた女子部員がこう言ってくれた。

「ナオちゃんみたいに落ち着いた性格の子が副部長だと安心だよ。自信を持って頑張って！」

そのひと言に後押しされ、リーダーとしてやっていく覚悟ができた。

やはり、最初はうまくいかないことも多かった。新入部員も加わり、知的で自主性も高い80人をまとめるのは簡単なことではなかった。しかも、定期演奏会、いわき地区大会、県大会、そして、東北大会と目まぐるしい毎日が待っている。

「私にはもっと吹奏楽部のためにできることがあるんじゃないかな……」

あるとき、ナオちゃんの中から熱い思いがこみ上げ、それをスマートフォンのメモアプリに打ち込んだ。

みんなに指導する立場なのに、
それができてない。
人間の基本的なことから
自分の失敗をもとに
部員に伝える。
磐高生《いわこう》は期待も大きいから
できないとそれに対する批判も大きくて
だから、周りに気を配って
一人一人が自覚を持って
行動するようにする。

それから、「目標」という欄には「人として当たり前のことを当たり前にできるように」と前置きし、7つの項目を列挙した。

中でも、一番大事にしているのはこの項目だった。

ヒト・モノ・時間を大切に

それは中学時代に顧問の先生が言い聞かせてくれた言葉だった。「ヒト」は部員、葉司先生だけでなく、吹奏楽部以外の磐城高校の生徒や先生たち、コンサートやコンクールで出会うすべての人を指す。また、「モノ」は楽器や譜面台、いつも練習で使っているピークスなどあらゆるものだ。そのすべてを大切にすることが、リーダーとしての自分、そして、部員たちに必要なことなのだ。

そして、「時間」。

とにかく、磐高生には時間がない。部活も勉強も、限られた時間にどれだけのことができるかが鍵になる。ナオちゃんは普段はおっとりしたタイプだが、部活をやる間は「切り替え」をしてテキパキ動き、少しでも無駄を省いて練習時間が長くできるように心がけている。

もちろん、勉強のことは気になっている。

正直言えば、受験については焦りしかない。教室にいるとき、「毎日何時間勉強してる」

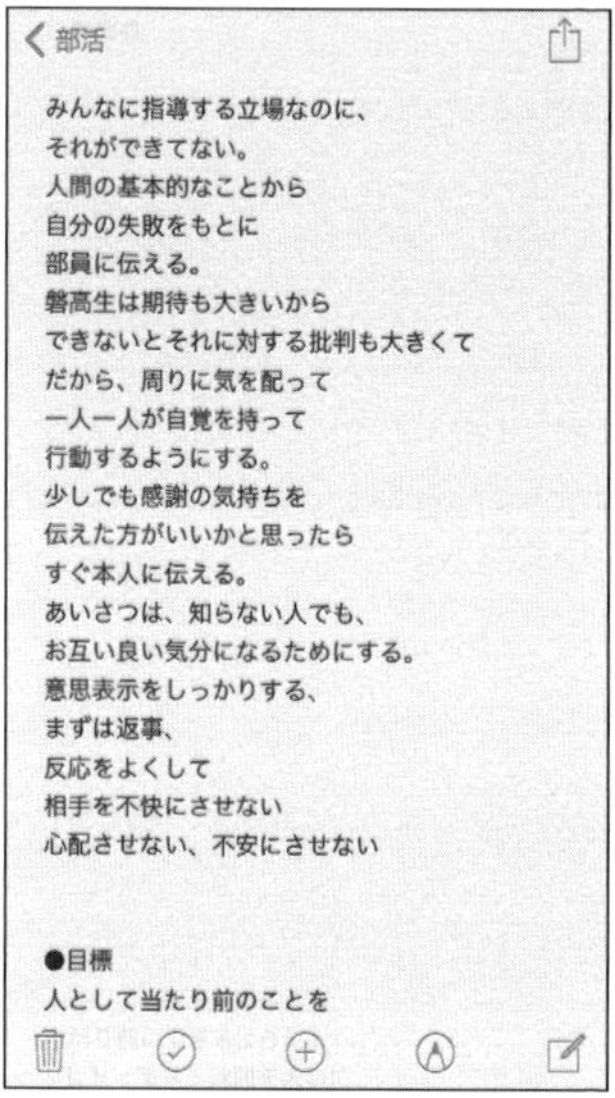
部活
みんなに指導する立場なのに、
それができてない。
人間の基本的なことから
自分の失敗をもとに
部員に伝える。
磐高生は期待も大きいから
できないとそれに対する批判も大きくて
だから、周りに気を配って
一人一人が自覚を持って
行動するようにする。
少しでも感謝の気持ちを
伝えた方がいいかと思ったら
すぐ本人に伝える。
あいさつは、知らない人でも、
お互い良い気分になるためにする。
意思表示をしっかりする、
まずは返事、
反応をよくして
相手を不快にさせない
心配させない、不安にさせない

●目標
人として当たり前のことを

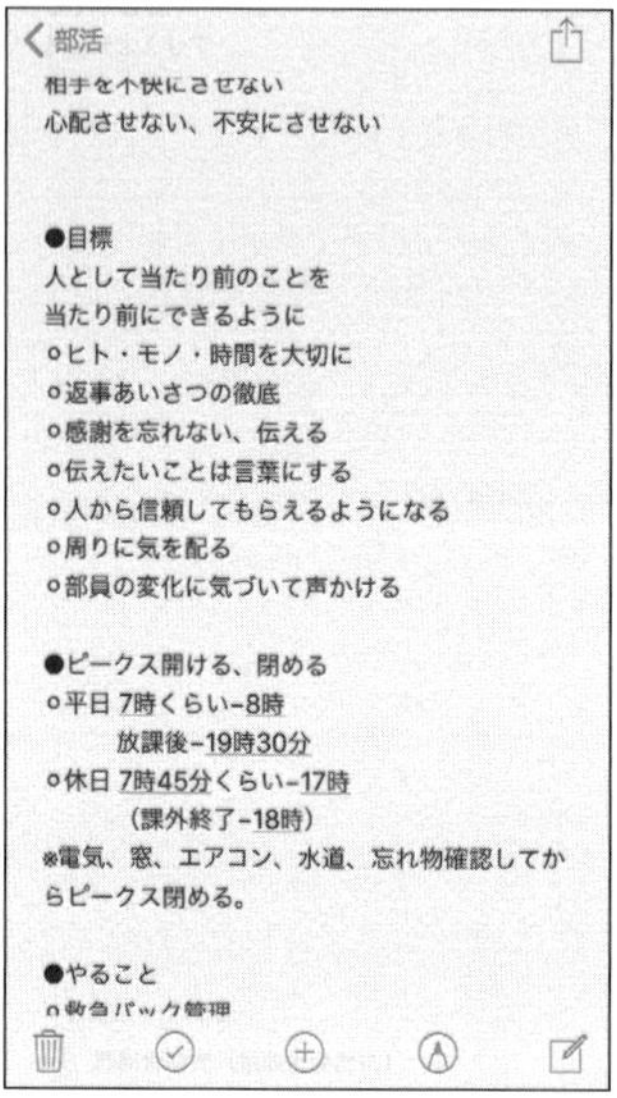
部活
相手を不快にさせない
心配させない、不安にさせない

●目標
人として当たり前のことを
当たり前にできるように
○ヒト・モノ・時間を大切に
○返事あいさつの徹底
○感謝を忘れない、伝える
○伝えたいことは言葉にする
○人から信頼してもらえるようになる
○周りに気を配る
○部員の変化に気づいて声かける

●ピークス開ける、閉める
○平日 7時くらい–8時
放課後–19時30分
○休日 7時45分くらい–17時
(課外終了–18時)
※電気、窓、エアコン、水道、忘れ物確認してからピークス閉める。

●やること

といった話が聞こえてくると、「まずい……どうしよう……」と思ってしまう。しかし、授業中は勉強に集中し、部活をやっている間は勉強のことは一切考えないことにしている。すべては「切り替え」だ。そして、ジャクソンと同じように通学時のわずかな時間に単語帳を開いたり、部活の後はお気に入りのカフェで勉強してから帰ったりしている。部内には成績優秀な部員もいるため、わからないところを教えてもらうこともある。

どちらの「時間」が優先かといえば、やはり部活だ。

ナオちゃんもまた、吹奏楽がやりた

くて磐城高校に入ってきた生徒なのだ。

悔しさと戦いながら……

ナオちゃんが吹奏楽に出会ったのは、県内でも強豪として知られている中学校だった。中1のときはバストロンボーンを担当し、いきなりアンサンブルコンテストで東北大会まで進出した。

会場となった青森までは、同じく東北大会に出場する磐城高校やいわき明星大学（現・医療創生大学）とバスに同乗して移動することになった。そのとき、初めて磐城高校の部員と話す機会があったが、人柄の素晴らしさや会話から漂う知性に憧れを抱いた。さらに、磐城高校の演奏にも感動した。

「私も磐高の一員になりたい！　たくさんの人に磐高の音楽を広めたい！」

全国大会へ行くことより、ただただ磐城高校で音楽がしたかった。肌を震わせるほどの迫力、きらめくような繊細さ——場面によって変化する振れ幅の大きさが磐城高校の最大

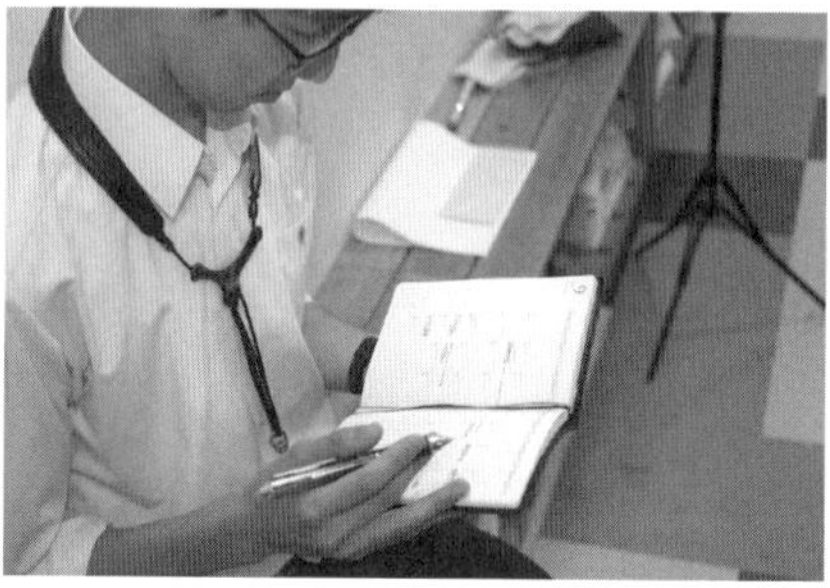

の魅力だとナオちゃんは感じた。
そして、頑張って勉強し、磐城高校吹奏楽部へ入ったのだった。

副部長になってからは、ジャクソンと二人三脚でやってきた。

ジャクソンは基本的に優しい性格のため、ときどき良かれと思ってしたことを気の強い女子部員にバッサリ否定される。そんなとき、ジャクソンはナオちゃんをピークスの外に連れ出し、経緯をまくし立てながら号泣する。

あるときは、ピークスの外からジャクソンが入ってきたと思うと、「あ、照井の顔見たら泣いちゃう……」と言ってまたナオちゃんを外に連れ出し、泣き出したこともあった。

そんなときナオちゃんは「大丈夫だよ」とジャクソンをひたすら慰める。もしかしたら、ジャクソンの泣き顔を一番見

ているのは自分かもしれない。

ただ、よく泣くことがジャクソンの欠点だとは思っていない。それだけ心が繊細だということだし、自分が傷つきやすい分だけ相手に対する気遣いもできる。

実は、ナオちゃん自身もそんなジャクソンの優しさに救われたことがあった。

部内に唯一、ナオちゃんを「テッコ」というあだ名で呼ぶ男子がいる。同学年で、同じユーフォニアムパートの「シュンタロウ」こと神代《じんだい》駿太郎だ。

シュンタロウは強豪の小学校で吹奏楽を始め、中学校時代には吹奏楽コンクールとアンサンブルコンテストで全国大会に出場した経験を持つツワモノだった。

入部したときから演奏技術にはかなり差があるのは自覚していたが、ナオちゃんはずっと「経験年数が違うから」と自

分を納得させてきた。シュンタロウは華やかで個性的な演奏ができるソリストタイプ。一方、ナオちゃんはみんなに合わせるタイプ。
　ナオちゃんは密かに「いつかシュンタロウに追いつき、追い越そう」と考えながら練習に励んできた。
　けれど、どれだけ練習しても、追いつけない。いったい何がいけないのか、何が足りないのかと悩み、自分なりに工夫もしてみたが、シュンタロウとの実力差は一向に縮まらなかった。

そして、そのまま高3になってしまった。

ふたりはユーフォニアムに1つ上の先輩がいなかったため、高2のときから揃って全国大会に出場した。今年も同じなのだが、今回の課題曲と自由曲は通常同一のパートであるユーフォニアムが2パートに分かれている。1stに相当するほうは当然シュンタロウが吹く。どちらが偉いわけでもないのは頭では理解していても、やはりナオちゃんは悔しい。

「ほんと、シュンタロウはうまいよね!」

まわりからそんな声が聞こえてくると、つらくてたまらなくなる。

県大会が終わり、全国大会出場がかかった東北大会を目指すまでの間に、ナオちゃんのメンタルは限界に近づいた。

「もうシュンタロウには追いつけないんだ……私、病みそう……」

そのつらさが、シュンタロウに対する冷たい態度となって出てしまった。

「あれ……テツコ、どうしたんだろう?」

シュンタロウが不思議そうに他の部員にそう尋ねているのが聞こえてきた。

シュンタロウは何も悪くないのに、自分のせいで嫌な思いをさせてしまっている。でも、自分の気持ちが止められない。

ナオちゃんはジャクソンに話を聞いてもらった。いつもとは立場が逆だ。

「確かにシュンタロウはうまいけど、ナオちゃんがいなかったら磐高の演奏は成り立たないんだから。自信持ちなよ」

そう慰められた。

ナオちゃんはジャクソンの言葉で、

いったん心を落ち着けることができた。シュンタロウには、「私が勝手にいろいろ考えて距離置いちゃってた。ごめんね！」と謝った。

しかし、心の中にはまだモヤモヤしたものが残っていた。

全国大会とともに少年時代が終わる

全国大会出場をかけた東北大会。

本番前にナオちゃんはスマートフォンを取り出し、あのメモを見た。そこに書かれている文章に目を通すと、大切なことが改めてわかるし、初心にかえることもできる。

ヒト・モノ・時間を大切に

果たして、自分は「ヒト」と「モノ」と「時間」を大切にできているだろうか？　葉司先生、ジャクソン、部員のみんな、それから、シュンタロウ。残された吹奏楽部での日々。

磐城高校では、コンクールが終わった時点で3年生は引退となる。もし東北代表になれなければ、その日で引退。全国大会に行かれれば、それが約2カ月延びる。全国大会に連続出場している磐城高校は、もちろん、2カ月後まで部活を続ける前提でスケジュールを組んでいるが、果たしてここまでの「時間」を精いっぱい過ごしてきただろうか？

ナオちゃんはメモを見たことで、自分にそう問い直すことができた。

本番直前のチューニング室では、最後に葉司先生が部員たちに笑顔で言った。

「後は楽しむだけだ！」

ナオちゃんは「本当に、先生の言うとおり！」と思い、気合いが入った。

本番では課題曲にミスが出て、決して納得の演奏というわけではなかった。表彰式でジャクソンと一緒に部を代表してステージに上ったときは不安だったが、無事に東北代表に選ばれたことで、「全国大会では今までで最高の演奏をして、絶対に金賞をとるぞ！」と心に誓った。

2年生のときに初めて乗った名古屋国際会議場センチュリーホールのステージを思い出す。あのときはホールの大きさや全国大会ならではの雰囲気に圧倒され、記憶がほとんどないくらい緊張してしまった。

今年もあのステージで演奏できる。もしそこで金賞をとれたなら、きっとナオちゃんの力も充分発揮された結果だろう。そのときは、シュンタロウに対するモヤモヤした気持ちも昇華される気がする。

いずれにせよ、泣いても笑ってもその12分間が高校生活最後の演奏になる。

ナオちゃんにとっては「自分の気持ちにケリをつける」12分間になるだろう。

全国大会までに残された日々、「ヒト・モノ・時間を大切に」していこう。

部長のジャクソンも、名古屋に向けて燃えていた。

5月にみんなの前で「命をかけて金賞をとる」と宣言した。その言葉どおり、できうる限りの時間を部活に捧げてきた。何度も涙を流すほど、本気で取り組んだ。

中学で吹奏楽部に入ってから6年——たった6年かもしれないけれど、全国大会は自分の吹奏楽人生のすべてを凝縮させた12分間にしたい。これまでも、これからも体験できない最高の演奏がしたいし、できると信じている。そして、センチュリーホールのステージで本気で号泣したい！

「命をかけて」と言っても、吹奏楽で本当に命を落とすことはない。けれど、最後の12分間が終われば、自分たちにとって大切なものが終わってしまうことをジャクソンは予感していた。

少年時代——という二度とは戻らない日々。

そして、それが過ぎたら、自分たちは大人にならなければいけない。もう今までのように夢中で吹奏楽だけに没頭することはないだろう。

だから——。

コンクール全国大会

先輩からもらった大切な手帳を開くと、10月20日の欄にそう書かれ、赤い波線が引かれていた。

ジャクソンはその予定を、シャープペンシルでぐるっと丸く囲んだ。

【全日本吹奏楽コンクールまで、あと21日】

13
20
赤口
コンクール全国大会
27
先勝

Friday
Saturday
4
5
常磐市民会館
12
仏滅
常磐市民会館
11
先負
駿台模試
駿台記述模試
アリオス大ホール
育大会
19
大安
18
仏滅
7
先負
26
赤口
25
24
仏滅

福島県立磐城高等学校吹奏楽部（福島県）

福島県いわき市にある公立高校。男子校としてスタートし、一時共学になるものの、再び男子校に。2001年から再び共学化。県内屈指の進学校で、野球部・陸上部・ラグビー部なども盛ん。吹奏楽部は2019年で20回目の全日本吹奏楽コンクール出場（うち金賞6回）。

橋本葉司先生

1959年生まれ。栃木県出身。磐城高校を経て、山形大学教育学部卒。現役時代はトロンボーンを担当。吹奏楽部顧問として平商業高校、湯本高校を全国大会に導く。現在は合唱部の顧問も兼任。担当教科・音楽。

No. 05
Date 2019.10

呼ばれなかった学校名。それでも『突破』は続く！

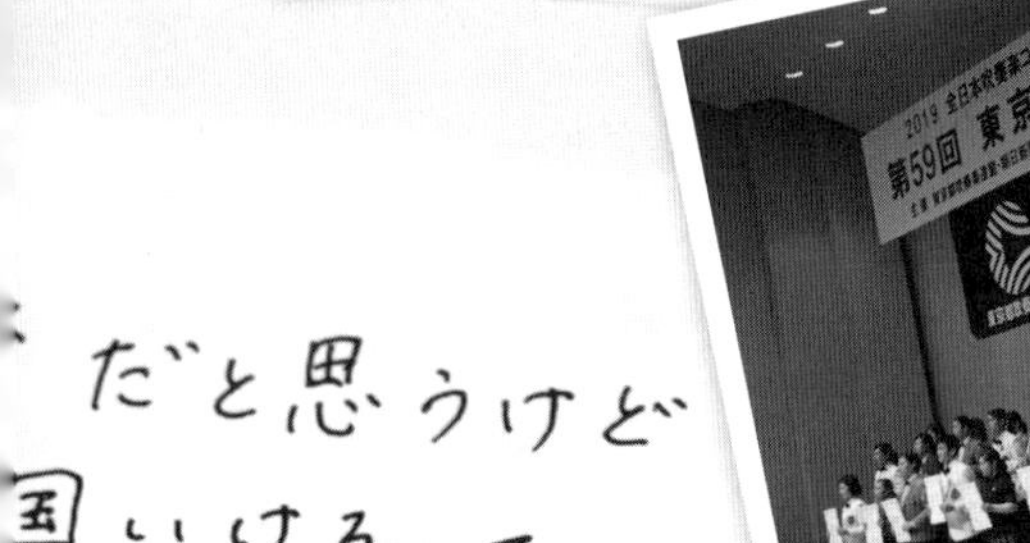

八王子学園
八王子高等学校
吹奏楽部
（東京都）

2019年に吹奏楽コンクールA部門に挑戦した学校は全国で1422校。そのほとんどが支部大会までで涙をのんだ。前年の東京都代表だった八王子学園八王子高校も、また――。

岡崎真侑《しんゆう》くん
（2年生・
トロンボーン）

前川碧斗《あおと》くん
（2年生・
コントラバス・
新部長）

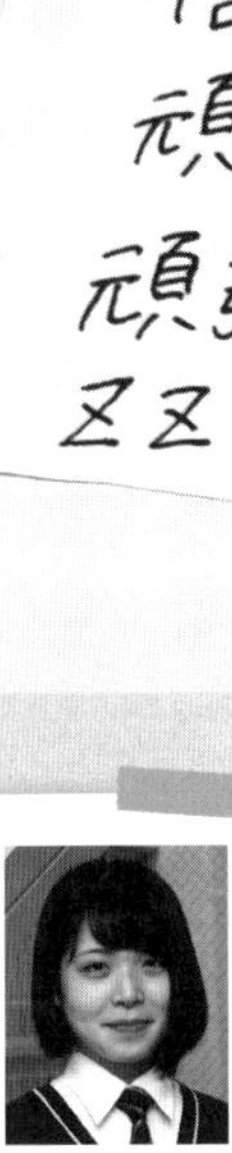

中島悠《なかじまはる》さん
（3年生・
オーボエ）

全国大会金賞を知るオーボエ女子の不安

「では、代表校をプログラム順に発表します」

八王子学園八王子高校のオーボエ奏者で、学生指揮者でもあった3年生の「ハル」こと中島悠は、その後に続けて聞こえてきた番号を、決して忘れることはないだろう。

「プログラム……2番、東海大学付属高輪台高校！」

9月7日、東京都吹奏楽コンクール（都大会本選）の表彰式。ハルは八王子高校の代表者としてステージにいた。

八王子高校のプログラム順は――1番だった。


ハルが中学校から始めた吹奏楽部での活動は、決して順風満帆なものではなかった。しかし、傍から見れば羨ましいほどの経歴に見えたに違いない。

中学時代は、東京の名門、小平市立小平第三中学校の一員として3年連続で全日本吹奏

DR
パート

楽コンクールに出場。1年のときは銀賞、2、3年のときは金賞を受賞した。

中3のときは部長を務め、自由曲《ウインドオーケストラのためのマインドスケープ》（高昌帥）では難しいソロを吹いたこともあり、金賞の賞状を手にして嬉し涙が止まらなかった。

「この先の人生、音楽の道を進んでいきたい」

そう考え、進学先には「総合コース　音楽系」がある八王子高校を選んだ。

高1でいきなりA組（コンクールメンバー）に選ばれ、全日本吹奏楽コンクールに東京都代表として出場。高2でもやはり全国大会に出場し、ソロも吹いた。

そして今年、八王子高校は3年連続、ハル自身は6年連続の全国大会出場をかけてコンクールに臨んだのだった。

今年度、ハルは基礎合奏などを指揮する「学生指揮者」を務めることとなった。八王子高校吹奏楽部の幹部は、部長と副部長の「生活班」、学生指揮者・木管部長・金管部長の「音楽班」で構成される。ハルは音楽面でのリーダーのひとりになったのだ。

新入部員も入り、吹奏楽部は142人での活動をスタートさせた。

八王子高校では、毎年のスローガンを3年生が話し合って決めている。2017年は「全進」、2018年は「輝跡」と漢字二字のスローガンが続いてきた。

『突破』

それがハルたちの代が決めたスローガンだった。今まで、ハルたちの代は活動面でも音楽面でも「あと一歩」足りないことが多かった。その壁を「突破」し、全日本吹奏楽コンクールと全日本マーチングコンテストで初の金賞を獲得するのが目標だ。

しかし、ハルは密かに不安を抱えていた。今まで経験したことがないほど大きく、暗い不安を……。

合言葉は「ZZZK」！

八王子高校の２０１９年度の課題曲は《行進曲「道標の先に」》、自由曲は《バッハの名による幻想曲とフーガ》（リスト）に決まった。

実はこの《バッハの名による幻想曲とフーガ》は、八王子高校が８年前のコンクールでも演奏した曲だった。そして、高梨先生が指揮するようになってから、唯一予選落ちを経験した曲でもあった。高梨先生としては８年前のリベンジ、「当時の生徒たちの思いもこの曲に乗せて、全国大会へ行きたい」という気持ちがあった。

しかし、ハルは「もし８年前と同じ結果になったら……」と、つい良くない想像をしてしまった。

コンクールに向けて気合いを入れるため、八王子高校ではみんなでハチマキを作る。２０１７年は青、２０１８年は赤、そして、２０１９年は金賞を祈願して金色の生地が選ばれた。そこに各々がスローガンの『突破』の文字を書く。

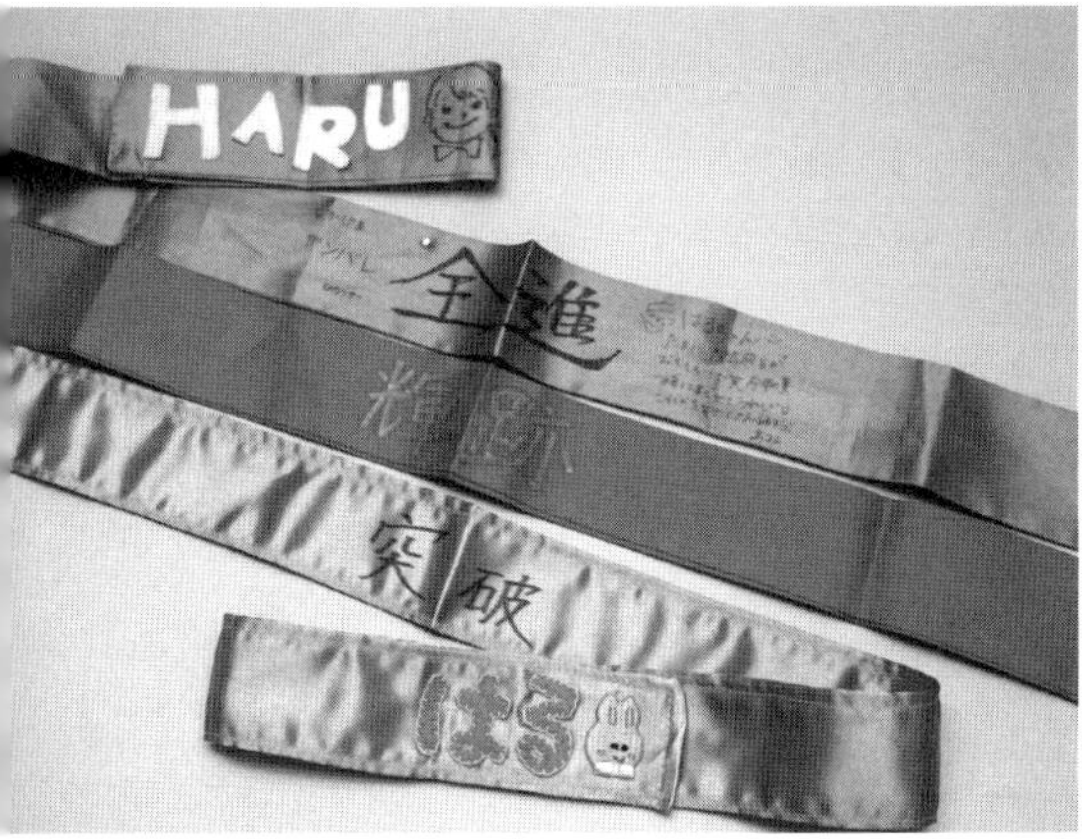

　みんなはそれぞれ余ったところに他の部員たちに寄せ書きを記してもらうが、そういうことが苦手なハルのハチマキはまっさら。自分で「はる」という名前と可愛らしいうさぎのキャラクターを縫い付けただけだった。

　中学校のころから、まわりの部員たちと仲良くするのが少し苦手だった。クラスではおちゃらけたりすることはあっても、部活では音楽に対してとことん真剣。自然と言動が厳しくなりがちだった。

「きっと、みんなからは『怖い人』って思われてるんだろうな。全然そんなことないんだけど……」

　そんなハルにとって、他の部員からもらうメッセージカードは救いだった。普段、口では伝えられない思いを知ることができるからだ。

　今年度の部長を務めている同学年の太田あさりからもらったカードにはこう書かれていた。

本当に、ずっと、いつもはるちゃんには助けられっぱなしです。
本当の意味で、たのしめるように
がんばろう。ZZK!!!

最後の「ZZK」は八王子高校で合言葉のようになっている略語で、「絶対(Z)・全国(Z)・金賞(K)」という意味だった。ともに部活をまとめるリーダー同士、あさりからのカードには元気をもらった。
また、オーボエとファゴットで構成されたダブルリード(DR)パートのサポートメンバーから贈られたメッセージもハルの心を温めてくれた。

悠先輩は、本当に自分にとって、オーボエの神様です。毎日聞き惚れています。
私にとってはる先輩のOboの音は世界一です!と言えるほど音が美しすぎます…

オーボエを愛し、音楽大学進学を目指しているハルにとって、自分の音をこんなふうに褒めてもらえるのは何より嬉しいことだった。学生指揮者としても、ひとりの部員としても、いつも力不足を感じているハルには、後輩たちの言葉は救いだった。その言葉がなければ、途中で心が折れていたかもしれない。

それから、木管部長という役職で、一緒に「音楽班」のリーダーを務めている鎌田結子から前年にもらったカードもハルは大切に持っていた。

43期(1年生)が入ってきてから全国大会に3年連続行けたらすごくない!?笑
来年はもちろん、今年もZ座奏Z絶対Z全国K金賞
私たちは音楽班として、3年連続行けるようにがんばろう!!

それを読み返すと、モチベーションが高まってくる。

うん、がんばろう。ZZK！　ZZZK！

けれど、やはりハルは不安だった。それは「予感」のようなものだった。

マーチングの『突破』を追い風に

8月12日の都大会予選。

八王子高校は、胸にエンブレムのついた白いブレザーに蝶ネクタイ、女子はチェックのスカート、男子は黒いスラックスというういつものステージ衣装で本番に臨んだ。そして、17校中3校の代表に選ばれ、都大会本選に出場することが決まった。

予選落ちした8年前とは違う結果になり、ハルはホッとした。しかし、演奏は良くも悪くもない、どっちつかずのものだった。

「私たち、まだ『突破』できてないんだな……。本選までにどうにかしなきゃ」

学生指揮者として責任を感じた。

もっと演奏の課題を詰めていきたいところだったが、そこから吹奏楽部は全日本マーチングコンテスト東

京都大会に向けてモードをチェンジしてしまった。主に金管パートのメンバーがマーチングの練習に参加し、ハルは残った木管のメンバーとともに練習を続けた。

「もっとコンクール曲の練習がしたいな」と思ったが、マーチングで全国大会に出場できる代表枠は1校のみ。前年はライバルの東海大学付属高輪台高校が代表に選ばれ、八王子高校は涙をのんだ。その悔しさ、「今年こそ!」と燃えているマーチングメンバーの気持ちをハルもわかっていた。

しかし、座奏同様にマーチングも

なかなか調子が上がらなかった。全体的に緊張感や集中力に欠け、練習中に必要のないおしゃべりが目立つようになっていた。意思の疎通もできておらず、みんながバラバラだった。

いよいよマーチングの本番が近づいてきたとき、高梨先生が部員全員に厳しい口調でこう言った。

「いつになったら本気でやるんだ!」

先生にそこまできつく言われたことで、部員たちの気持ちが引き締まった。「自分たちは本気になれていなかったんだ」とようやく自覚できたのだ。

先生の言葉をきっかけに、マーチングメンバーは死にものぐるいで練習を重ね、演奏・演技を仕上げた。そして、8月31日に行われた都大会で見事代表1枠をつかみ取り、全日本マーチングコンテストへの出場を決めた。

「マーチングは『突破』したんだから、座奏も『突破』するしかない!」

マーチングメンバーの快挙に、ハルたちの士気も上がった。

とはいえ、コンクールの都大会本選はマーチングコンテスト東京都大会のわずか8日後。しかも、夏休みが終わって新学期が始まってしまい、練習時間は放課後のみに限られる。

「どうしよう、間に合うのかな……」

ハルは焦りを募らせた。

不運なことに、八王子高校は都大会本選で出演順1番に決まっていた。もっとも不利だと言われる出番で、しかも、直後の2番はここのところ2年連続で全国大会で金賞を受賞している東海大学付属高輪台高校。優美な演奏を特長とする八王子高校に対し、高輪台高校はゴージャスな演奏を持ち味としている。

音楽性の違う2校が並んだときに審査員がどう評価するか――。

ハルはそれも心配だった。

しかし、時間は待ってくれない。あっという間に運命の都大会本選の日がやってきた。

胸に迫る暗い予感

前夜はA組メンバー全員でホテルに泊まり、午前3時に起きた。

「あぁ、もう今日は本番なんだ」

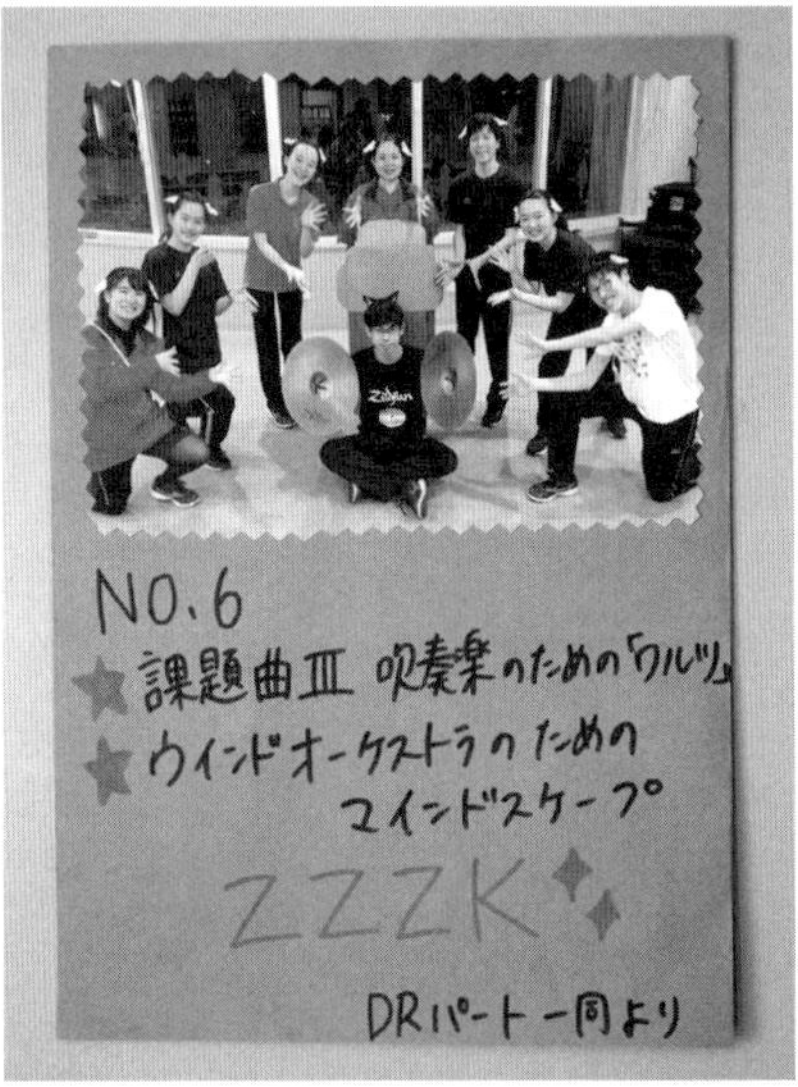

ホテルの窓から真っ暗な外に目をやり、ハルは思った。不思議と大会当日だという実感も緊張もなかった。

それは、他のメンバーも同じだった。ホテルの宴会場に集まって練習をし、バスに乗り込んで会場である府中の森芸術劇場へ向かう間、みんなはずっとリラックスしていて明るかった。過去2年の都大会本選当日はもっとピリピリしていたのに比べると良い雰囲気だ。だが、ハルは逆に「いつもと違う」ことが怖かった。

チューニングルームでも、本番のステージに出ていったときも、それは変わらなかった。出演順1番の学校は、まだ観客が会場内を移動しているときにステージに出てセッティングをし、開演時間まで数分間待つことになる。普通ならば、人目に晒された状況で「いつ始まるのか」という宙ぶらりんな状況に置かれることは強い緊張につながるものだが、八

王子高校は違った。あちこちで笑顔が見られたし、指揮台の周囲を歩き回る高梨先生とも
アイコンタクトしながら笑みを交わし合った。
　ハルも笑顔だった。
（リラックスできているし、これはこれでいいんじゃないかな……）
　ハルは自分の抱えている不安を振り払い、できるだけプラスに考えるようにした。
「ただいまより、高等学校・前半の部の演奏を開始いたします」
　アナウンスが響き、照明が明るくなった。
「プログラム1番、八王子学園八王子高等学校。課題曲4に続きまして、リスト作曲、田
村文生編曲、《バッハの名による幻想曲とフーガ》。指揮は高梨晃です」
　そんなアナウンスとともに八王子高校の12分間は始まった。
　全国大会出場をかけた演奏、という気負いは　微塵もなかった。《行進曲「道標の先に」》
では高梨先生は笑顔で指揮をし、メンバーは音楽に合わせて体を揺らしたり、ときには笑
顔を浮かべたりしながら演奏した。自由曲《バッハの名による幻想曲とフーガ》は重い雰
囲気から始まるが、ハルはオーボエを吹いていて楽しかった。みんなも音楽を楽しんでい
るのが伝わってきた。これといったミスもない。

(あとは、音が飛んでるかどうか……)

優美な音が特徴の八王子高校だが、審査員のいる2階まで、そして、ホールの隅々までしっかり音を飛ばすことが課題だった。実際それが達成されているかどうか、ステージにいる高梨先生やメンバーにはわからない。

バッハの音楽を元にした荘厳な曲が終わりを迎えると、会場は大きな拍手に包まれた。出演順1番にもかかわらず、客席から「ブラボー!」の声が響き、拍手はなかなか鳴りやまなかった。

ステージを後にした八王子高校のメンバーは口々に「楽しかった!」「よかったよね!」と語っていた。

ハルも同じ気持ちだった。今まで5回の都大会本選では必ずミスや納得できないところがあり、笑顔でステージを後にしたことなどなかった。だが、今回はハルも笑顔だった。

その笑顔が、少し陰った。

「やっぱり、いつもと違うんだ……」

いつもなら、演奏後に必ず後悔や反省をしていた。けれど、結果は金賞、東京都代表だった。今回は後悔も反省もほとんどない。ただ楽しい記憶だけが残っている。だとしたら、結果は――。

「もしかしたら、今年は全国大会にいけないかもしれない……」

ハルの中で、悪い予感がはっきりした形となって胸を圧迫してきた。

記念写真を撮影するとき、高梨先生がハルに言った。

「大丈夫だったよね?」

その表情は不安げに見えた。もしかしたら、先生も自分と同じ予感にとらわれているのかもしれない。

写真撮影や片付けが終わった後に客席で他校の演奏を聴いた。どこの学校もうまく聞こえ、ハルの不安はますます募った。

表彰式であふれ出た涙

全団体の演奏が終わり、いよいよ表彰式となった。通常は各校の部長と副部長がステージに出るのだが、八王子高校では学生指揮者のハル、木管部長の鎌田結子、金管部長の秋岡唯という音楽班が登壇することになった。

各校の代表者が舞台裏に出演順に整列し、学校名を呼ばれたらステージへ出ていく。そして、ステージ中央まで進む間に賞が発表されるというシステムだ。そして、その後はひな壇に並び、東京都代表の発表を待つ。

表彰式が始まる前、舞台裏でもっとも落ち着きがないのが八王子高校の3人だった。ハルたちは体を揺らしたり、ため息をついたり、お互いに顔を見合わせたりした。じっとしていられなかった。

単に発表が1番目だからというだけではない。ハルの中にあった不安は、今や恐怖に変わっていた。

3人はハルを先頭に一列に並んだ。

「それでは、出演順に発表してまいります。プログラム1番、八王子学園八王子高校——ゴールド金賞!」

ハルたち3人は薄暗い舞台裏からまぶしいステージへと歩み出していった。客席から仲間たちの歓声が聞こえた。

ステージ中央まで進むと、目の前で表彰状が読み上げられた。まずはひとつホッとした。

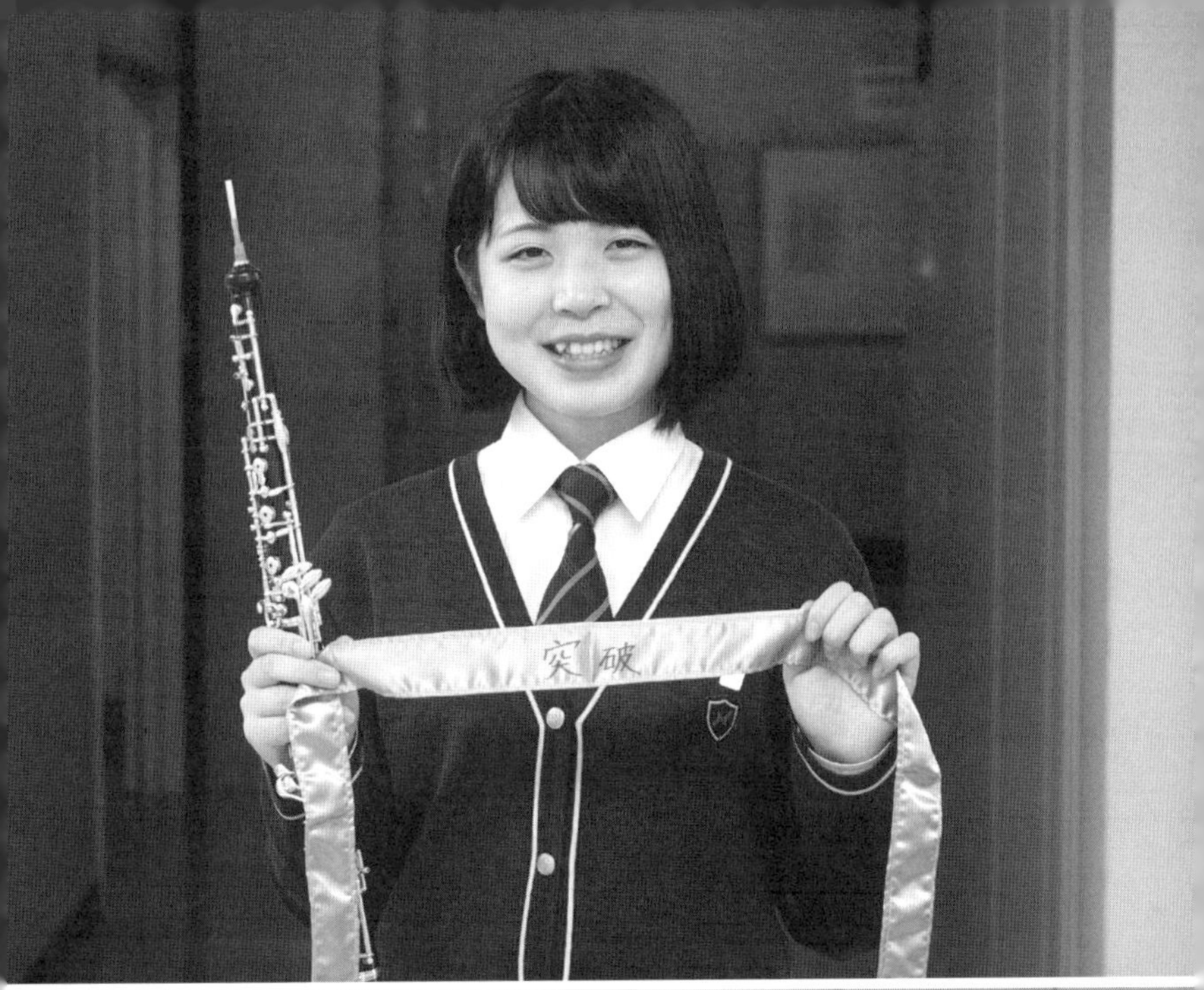
突破

だが、問題はこの後なのだ。

ハルたちはひな壇に上がった。ハルが一番前で表彰状を客席に向けて持ち、2人が後ろに並ぶ。そして、他校の結果発表を待つのだが、それが長く長く感じられた。

全12校の成績が発表され、ハルは気づいた。金賞が4校しかなかった。

(ていうことは、その中で全国大会に行かれないのは1校だけなんだ)

それは希望のようであり、同時に絶望でもあった。

出演順1番の八王子高校は、最初に呼ばれなければすべてが終わる。

「それでは、代表校をプログラム順に発

表いたします」

汗ばんだ指先は表彰状に張り付いている。思わず力が入り、表彰状がたわんだ。発表までのわずか1秒もない間が、ハルには時間が止まったかのように感じられた。

そして、これまでハルを悩ませてきた予感が、決定的な言葉となってホールに響いた。

「プログラム――2番、東海大学附属高輪台高等学校！」

客席で赤いブレザーを着た生徒たちが歓声を上げた。

その瞬間、ハルは表彰状を持って立ったまま、ギュッとまぶたを閉じた。現実を自分の中に受け入れたくなかった。無意識のうちに、視界を遮ることでその場で崩れ落ちそうな自分を守ろうとしていたのだ。

だが、いつまでも目をつぶっているわけにはいかない。まぶたを開くと、涙があふれ出てきそうになった。唇が震えた。まばたきをし、少し顔を上に向けて涙がこぼれないようにした。

「続きまして、プログラム――4番！　東海大学菅生高等学校！」

歓声が容赦なくハルの耳に襲いかかってくる。

耐えきれずにハルはうつむいた。

賞状
賞状
賞状

（ステージにいる間は泣いちゃダメ！）

そう自分に言い聞かせたが、涙を止めることができない。泣き顔を客席にいる大勢の人たちに見せたくなかった。ハルは、目の前に持った金賞の表彰状の後ろに顔を隠すようにして泣いた。

「プログラム——6番！　都立片倉高等学校！」

終わってしまった。完全に、終わってしまった。もはや、八王子高校の名前が呼ばれることは、100パーセント、ない。

ハルの脳裏に、中3のときのコンクールが鮮明に蘇ってきた。あのときは演奏にたくさんの後悔があったのに代表に選ばれ、同じ場所に笑顔で立っていた。今は、正反対だ。

（早くステージから出たい……！）

ハルは声を上げて号泣してしまいそうな自分を必死に抑えていた。高校生活最後の、一番大事なコンクールで、初めて全国大会に行かれないという経験を味わった。

（全国大会に行けないって、コンクールが途中で終わっちゃうって、こんなに悔しいものだったんだ……）

ハルはその痛みを骨の髄まで味わった。それは、コンクールのたびに日本中の中高生が味わうのと同じ痛みだった。

ようやく表彰式が終わり、他校の代表者たちとともにステージを後にした。代表校による写真撮影も、記者からの取材も、全国大会の出演順を決めるあみだくじも、自分たちには関係のないものになってしまった。

その日、ハルは他の誰よりも激しく泣きじゃくった。

一人ひとりの『突破』

思い返せば、都大会本選の演奏で感じた「楽しさ」は決して悪いものではなかった。コンクールを超えた、音楽の喜びがそこにはあった。

高梨先生も、大会後にこんなふうに言っていた。

「都大会では本当に良い演奏ができたと思っているし、心からそう言えるのは今年が初めてだよ」

そう、あの《行進曲「道標の先に」》と《バッハの名による幻想曲とフーガ》は良い演奏だっ

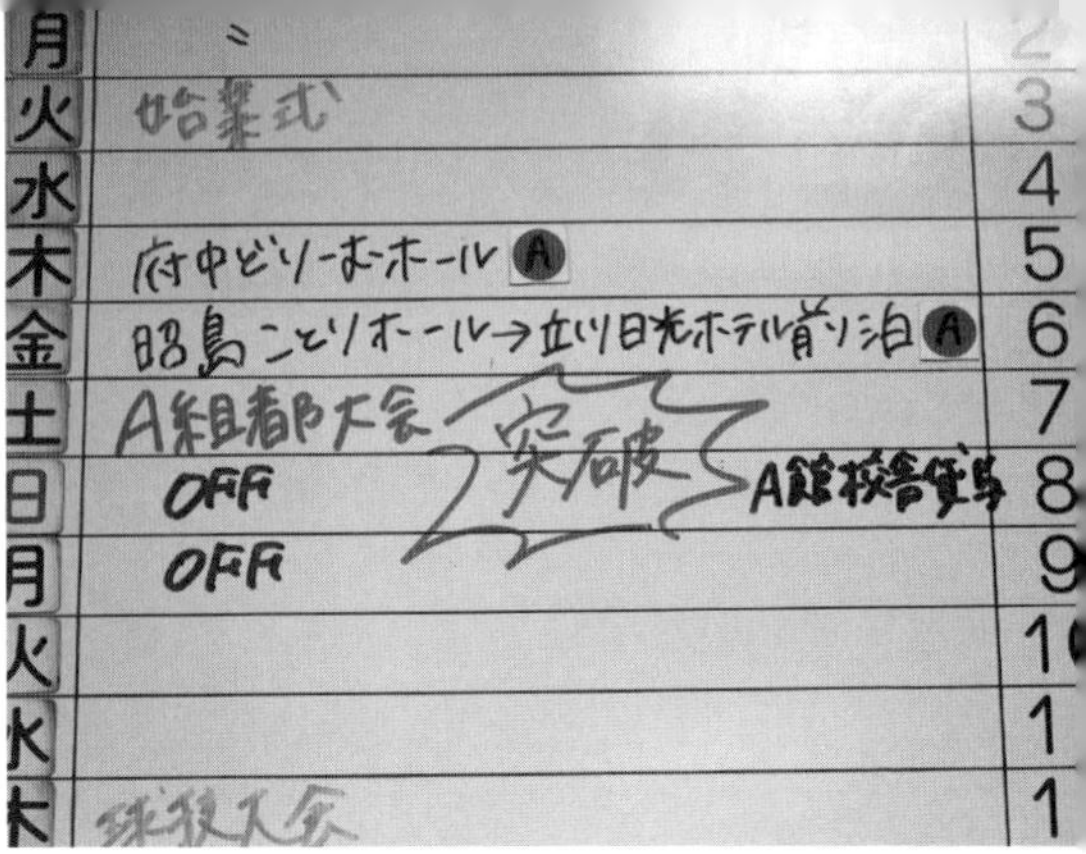

たのだ。ただ、もしかしたら自分たちは、コンクールに向けて本気になることも、音楽の楽しさに気づくことも、少し遅かったのかもしれない。

　ハルは都大会本選の後、1週間ほどショックを引きずり続けた。部員たちの前では顔に出さないようにしていたが、自宅で「もっとこうしていたら……」と考えたり、CDで大会の演奏を聴いたりしていると、涙がこぼれ落ちてきた。

　音楽室の壁の予定表には、まだ9月7日のところに「A組都大会　突破」と書かれたままだ。そして、10月20日の全日本吹奏楽コンクールの予定は空白になっている。

「私たち、『突破』できなかった……」

　その事実が、ハルには重い。

「でも、本当にそうなのかな？」

　突破するのはコンクールだけではない。それぞれの部員が演奏も、人間的にも、弱点や欠点を乗り越えて、あの日の演奏にたどり着いた。

ハル自身もそうだ。中学校で吹奏楽部に入るまでは、人前に立つことも、自分の思いや感情を表現することも苦手だった自分が、吹奏楽やオーボエと出会ったことで、「音楽の道で生きていきたい！」「表現することって、なんて楽しいんだろう！」と思えるようになった。この1年、不器用ながらも自分なりに八王子高校をリードし、演奏技術も磨いた。いろんな場面に『突破』があったし、きっとそれは他の部員たちも同じだっただろう。

そう考えると、少し気持ちが明るくなった。

16日後には名古屋で全日本吹奏楽コンクールが行われる。

その日、ハルは自分の部屋でオーボエの練習をみっちりやるつもりだ。つらい気持ちを思い出してしまうから、できるだけ全国大会の情報には触れたくない。1日中、集中してオーボエに向き合おうと思っている。

まだ高校生活は続くし、受験もあれば、3月には定期演奏会もある。

八王子高校吹奏楽部の部員として最後の音を奏でるときまで、自分なりに『突破』し続けていこう——。

新部長、仲間たちの思いとともに

都大会本選の表彰式、ハルが壇上で堪え切れずに涙する姿を見ていた二人の男子部員がいた。

コントラバス担当の「アオト」こと前川碧斗と、トロンボーン担当の「シンちゃん」こと岡崎真侑。いずれも2年生だ。

アオトはすでに次期部長に、シンちゃんはハルの跡を継いで学生指揮者になることが決まっていた。

アオトは代表校発表で八王子高校が飛ばされたとき、ただただ無言でステージを見つめ続けた。涙は出なかった。そして、都大会落ちという結果を受け入れてしまっている自分に気づいた。

ハルが感じていたのと同じように、アオトも「自分たちは本気になるのが遅すぎた」と思っていた。

突破

実は、アオトはだいぶ前の段階からそのことに気づいていた。しかし、自分の考えに自信が持てないという元来の性格と上級生への遠慮から、口に出せなかった。

「わかっていたのに、自分からA組の空気を変えていくことができなかった……」

アオトは後悔の念に苛まれた。

そして、2人の大切な仲間たちへの申し訳なさで心が引き裂かれそうだった――。

アオトは、中学時代は全国大会とは無縁だった。都大会本選にも出たことがなかったが、八王子高校吹奏楽部の音楽性や高梨晃先生の指揮に憧れを抱き、親友でパーカッション担当の「レイジ」こと福島怜司とともに思い切って都内屈指の強豪校に飛び込んだ。

目指すは、2人揃って全日本吹奏楽コンクールの舞台に立ち、まだ八王子高校が獲得したことのない金賞を受賞することだった。

ところが、1年生からアオトとレイジは明暗が分かれた。アオトはいきなりA組に選ばれたが、レイジは選ばれることができなかった。

あれよあれよという間にアオトは八王子高校を代表する55人のうちのひとりとして都大会本選を突破し、全国大会の舞台に立った。結果は銅賞だったが、アオトは「吹奏楽の甲子園」を心から楽しんだ。

そして、親友のレイジと「来年は一緒にあのステージに乗ろうな！」と約束した。

ところが、今年もレイジはA組メンバーになれず、都大会予選のみで終わりとなるB組に入った。アオトはA組。またしてもチームが分かれてしまった。

そんなレイジが、アオトの鉢巻きに激励のメッセージを書き込んでくれた。

今年こそは!!って思ってたんだけど、またA組乗れなかったなあ。
だから、A組乗れなかった俺たちの分まで頑張ってきてくれ！
来年は絶対一緒に演奏しよう。俺はB組でまた頑張ります
お互い良い結果残そう。突破 Perc.怜司

「頑張ろう、レイジたちの思いも背負って、絶対頑張ろう！」

アオトはその鉢巻きを締め、練習に打ち込んできた。

アオトには、もうひとり背中を押してくれる仲間がいた。同じ2年生で低音パート、

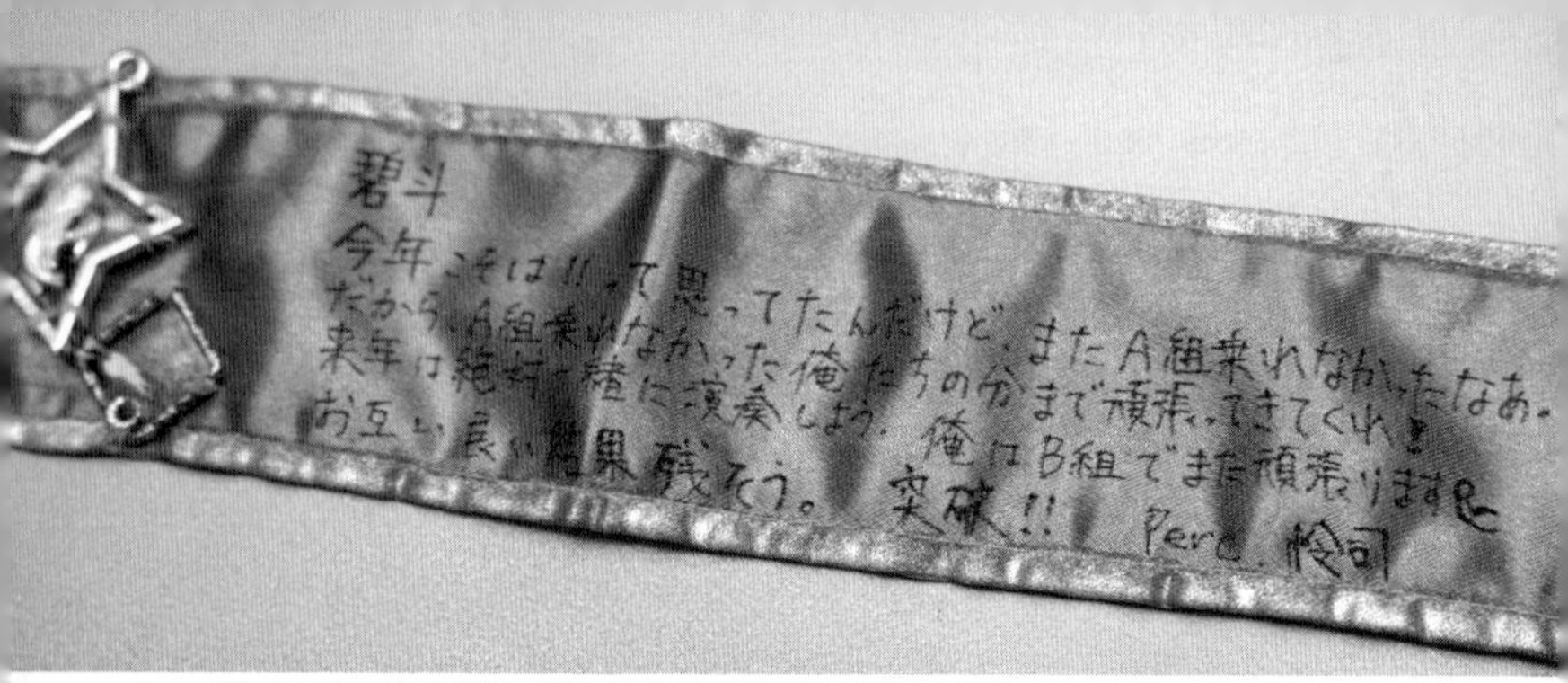

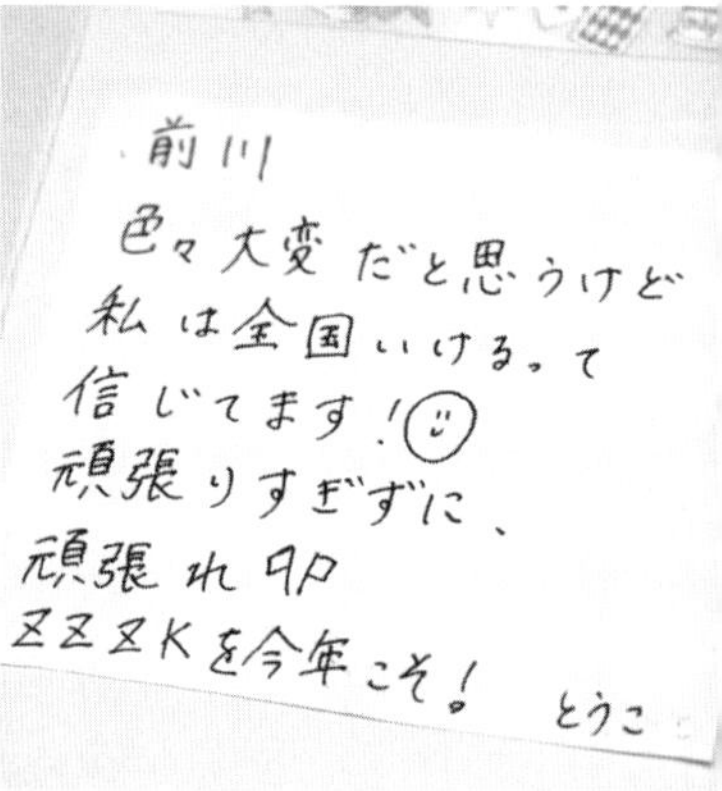

チューバ担当の「トウコ」こと岡野桐子だ。

トウコは、全国大会を目指して吹奏楽部経験者が集まってくる八王子高校吹奏楽部に、珍しく初心者として入ってきた部員だった。

周囲との技術レベルの差は歴然としていながらも、挫けることなく、毎日ひたむきにチューバと向き合うトウコの姿に、アオトはいつも「自分も頑張らなければ」という思いにさせられた。

トウコは1年でも、2年でもA組メンバーにはなれなかった。B組でもなく、コンクールには参加せずにサポートに回るS組という立場だ。しかし、1年のころからアオトのことをずっと応援してくれた。

今年のコンクールでも、トウコが中心となってメッセージカードを作り、アオトに贈ってくれた。カードは八王子高校のステージ衣装であるエンブレムの付いた白いブレザーの形をしており、開くと写真やメッセージが現れる。

そこにトウコはこう書いてくれていた。

色々大変だと思うけど
私は全国いけるって信じてます！
頑張りすぎずに、
頑張れ
ZZZKを今年こそ！　とうこ

次期部長としてプレッシャーがかかるアオトを気づかいながら応援してくれる言葉に、アオトの胸は熱くなった。

レイジ、トウコ――ふたりの思いに応えるためにも、何としてでも「ZZZK（座奏・絶対・全国・金賞）」を実現したかった。

だが、現実には全国大会にすら出場できなかった。表彰式では放心状態になり、バスに乗り込んでから涙が出てきた。アオトは応援してくれたふたりに対して申し訳ない気持ちでいっぱいになった。

しかし、いつまでも立ち止まって下を向いているわけにはいかない。

「今の八王子高校吹奏楽部を引っ張っていくのが自分の役割だ！　次こそ『ZZZK』を叶えよう！」

全国大会に出場できないことが決まった瞬間から、もう2020年のコンクールが始まっているのだ。前向きに考えるなら、長い準備期間をもらったとも言える。

今年経験した悔しさ、一歩踏み出せなかった歯がゆさ、期待に応えられなかったこと……きっとすべては来年への力になるはずだ。演奏技術だけでなく、「思い」を音楽に乗せて伝えられるのが吹奏楽だからだ。

1年とちょっと先の未来、名古屋国際会議場センチュリーホールで演奏する自分たちを想像してみる。そこにレイジやトウコもいたら最高だ。そして、「八王子学園八王子高等学校、ゴールド金賞！」のアナウンスが響く――。

その日を夢見て、アオトは再び歩き始めた。

全国大会金賞をもう一度！

次期学生指揮者のシンちゃんの思いは複雑だった。

都大会本選の表彰式で、表彰状に顔を隠すように泣いていた先輩のハルの姿が目に焼き付いた。

中学3年のとき、自分もその場所に立ったことがあった。東京を代表する強豪中学校、羽村市立羽村第一中学校吹奏楽部の部長として代表校発表の緊張、そして、代表に選ばれる喜びを体験した。さらに、全国大会でも金賞を受賞した。

ハルも同じ喜びを経験して八王子高校に入ってきた先輩だが、高校では正反対の状況となった。

「来年、俺があそこに立つんだな……」

シンちゃんは、小刻みに肩を上下させて嗚咽をこらえるハルの姿に自分を重ねないわけにはいかなかった。

実は、中3で全国大会に出場したとき、シンちゃんは「もう吹奏楽はやめよう」と思っていた。練習も本番も、すべてやり尽くした、と。

しかし、全国大会のステージで「金賞」と書かれた表彰状を受け取り、金賞受賞校だけの写真撮影に参加したとき、羽村一中の顧問である玉寄勝治《たまよせかつはる》先生にこう言われた。

「来年以降も高校の部でお世話になるホールなんだから、この風景をよく見ておけよ」

改めて、「吹奏楽の聖地」であるセンチュリーホールを見渡した。そして、その瞬間、考えが180度変わった。

「高校でも吹奏楽を続けよう。そして、またここへ戻ってきて、金賞をとろう!」

シンちゃんはそう心に誓った。

高1ではA組メンバー入りを逃したシンちゃんは、全国大会に出場するA組をサポートするために名古屋へ同行した。そして、岡山の岡山学芸館高校や熊本の玉名女子高校といったトップレベルの高校の演奏を初めて生で聴き、その強烈なインパクトとレベルの高さに驚愕した。八王子高校のA組も良い演奏ではあったが、結果は銅賞だった。

「中学校の部とは次元が違う……」

今まで以上に全力で挑んでいかなければ、高校の部の高みにはたどり着けないということに気づいたのだ。

高2になった今年はオーディションに合格し、念願のA組メンバーに選ばれた。

八王子高校は都大会予選に出場し、無事に代表に選ばれた。だが、シンちゃんは納得できなかった。自分もみんなも、全力を出していたとは言い難かったからだ。どこかに「予選は通過して当然」という気の緩みがあるように感じられた。

予選が終わった後は現地解散になり、シンちゃんは会場から駅へ続く歩道を歩いていた。ふと前を見ると、別の学校の

集団がいた。列の最後尾にいる男子の姿が目に入った。おそらく予選で良い結果ではなかったのだろう、その男子は激しく泣きじゃくり、別の部員に肩を抱かれて慰められていた。

「あの子はきっと本気で悔しかったんだろうな。今日のために必死に努力して、それでも報われなかったんだろうな」

シンちゃんはそう思い、我が身を振り返った。

「俺たちはあの子みたいに予選に向けて必死に取り組んできたかな……」

泣きじゃくるその背中が、忘れていた何かを思い出させてくれた気がした。シンちゃんは都大会本選に向け、改めて気持ちを引き締め直した。

そして、都大会本選を迎えた。

シンちゃんは中学時代には経験したことがないくらい激しい緊張に襲われた。

「何なんだ、これは……」

中学時代はステージに出るときに自信満々だった。しかし、高2になった今は不安しかない。

高梨先生が指揮台に上がり、課題曲の1拍目を振り始めようとした瞬間、シンちゃんの頭にこんな考えがよぎった。

「もしかして、こんなに緊張するのは練習をやり尽くしてないからじゃないか?」

そう思うと一気に血の気が引いた。自信がなくなり、音を出すのが怖くなったのだ。恐る恐るトロンボーンを吹く時間が12分間続いた。

自分の演奏にはまったく納得がいかないまま、八王子高校の出番は終わった。演奏後には客席から大きく長い喝采をもらった。「ブラボー!」の声も聞こえた。

「俺はまともに演奏できなかったのに……」

シンちゃんは観客の大きな拍手が逆に悔しかった。

表彰式で東京都代表に選ばれなかったときは、しばらく言葉も出なかった。

「来年、俺もあの場所でハル先輩と同じ立場になったら——」

言い知れぬ不安に襲われた。だが、シンちゃんの中にはふつふつと燃えるものがあった。

「俺は都大会で終わるためにこの学校に来たんじゃない！」

シンちゃんはよく覚えている。

中3の全国大会。センチュリーホールのステージ上で金賞の表彰状を受け取った後、客席のほうを振り返ると、羽村一中の仲間たちが喜びのあまりピョンピョン飛び上がっているのが見えた。

来年、絶対にその光景が見たい。壁は数え切れないほど目の前に立ち塞がっているけれど、すべて乗り越えてやる。

新年度が始まったら、『突破』に代わる新たなスローガンを決めることになるだろう。

しかし、自分やアオト、八王子高校吹奏楽部にとっての『突破』はこれからも続いていくのだ。1年先の全日本吹奏楽コンクールに向かって——。

【全日本吹奏楽コンクールまで、あと16日
2020年の全日本吹奏楽コンクールまで、あと386日】

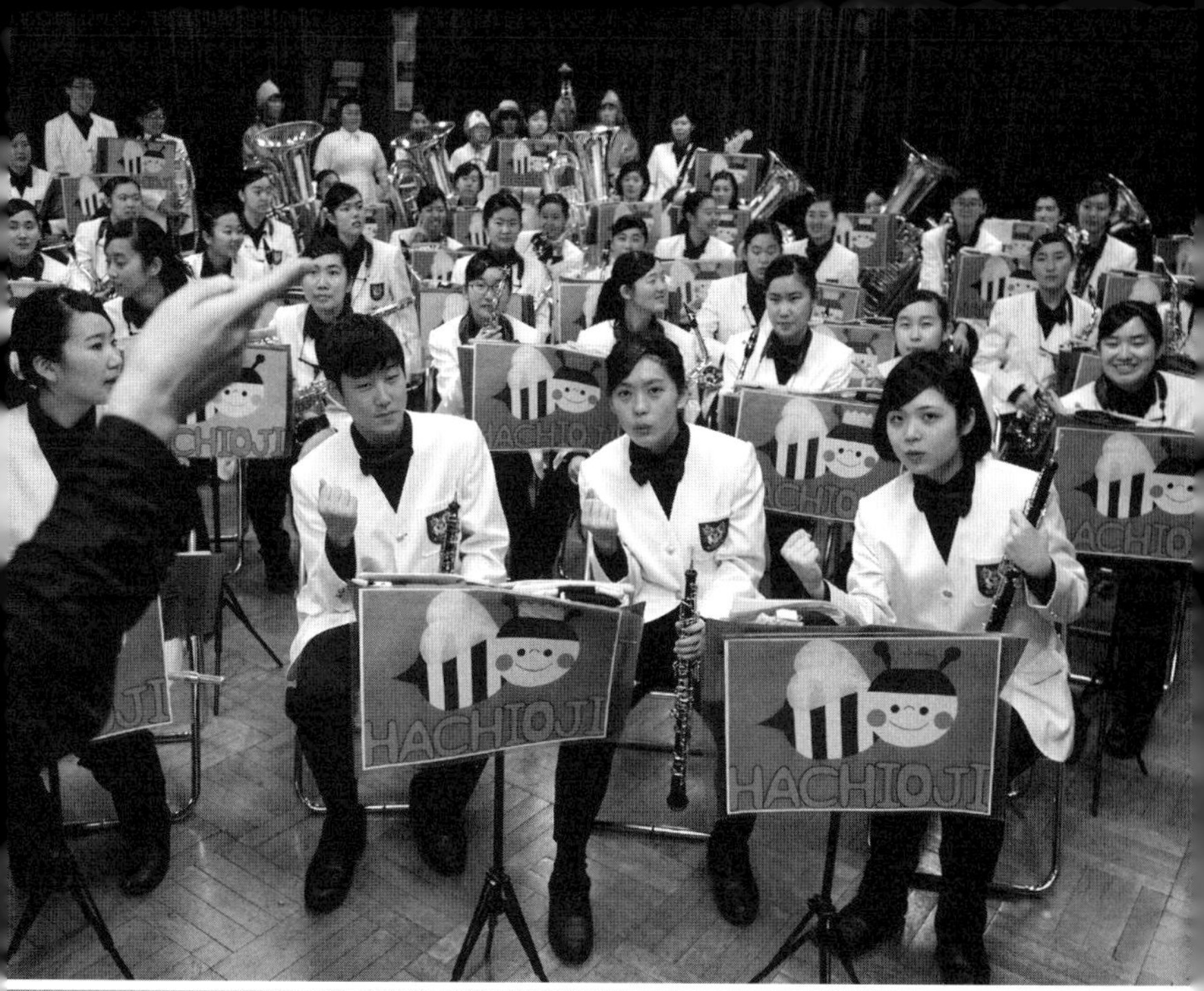
HACHIOJI
HACHIOJI
HACHIOJI

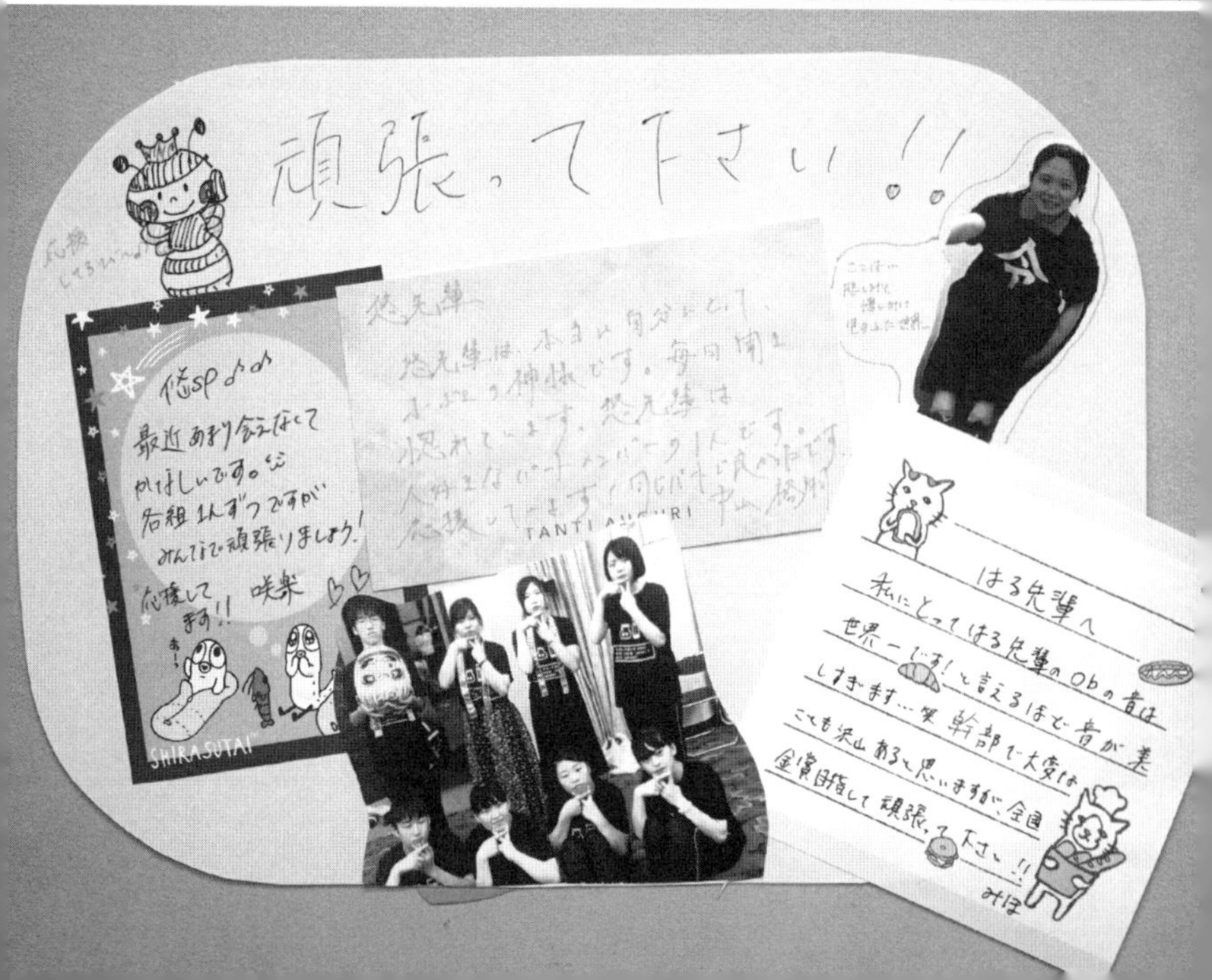
頑張って下さい!!
応援してるぞい〜♪
悠sp♪♪
最近あまり会えなくて
かなしいです。
各組1人ずつですが
みんなで頑張りましょう!
応援してます!! 咲楽
SHIRASUTAI
悠先輩
TANTI AUGURI
はる先輩へ
私にとってはる先輩のObの音は
世界一です!と言えるほど音が美しすぎます…笑 幹部で大変な
ことも決山あると思いますが、全国
金賞目指して頑張って下さい!!
みほ

八王子学園八王子高等学校吹奏楽部(東京都)

東京都八王子市に位置する私立高校。2019年度の部員数は142人。マーチングやアンサンブルコンテストにも力を注いでおり、2019年度は東京都代表として全日本マーチングコンテスト出場(金賞受賞)。

高梨晃先生

1981年生まれ。神奈川県出身。八王子高校吹奏楽部のOB(打楽器担当)で、現役当時は部長やドラムメジャーを務めた。東京藝術大学で打楽器を専攻し、卒業後に母校へ。担当教科・音楽。

No. 06
Date 2019.10

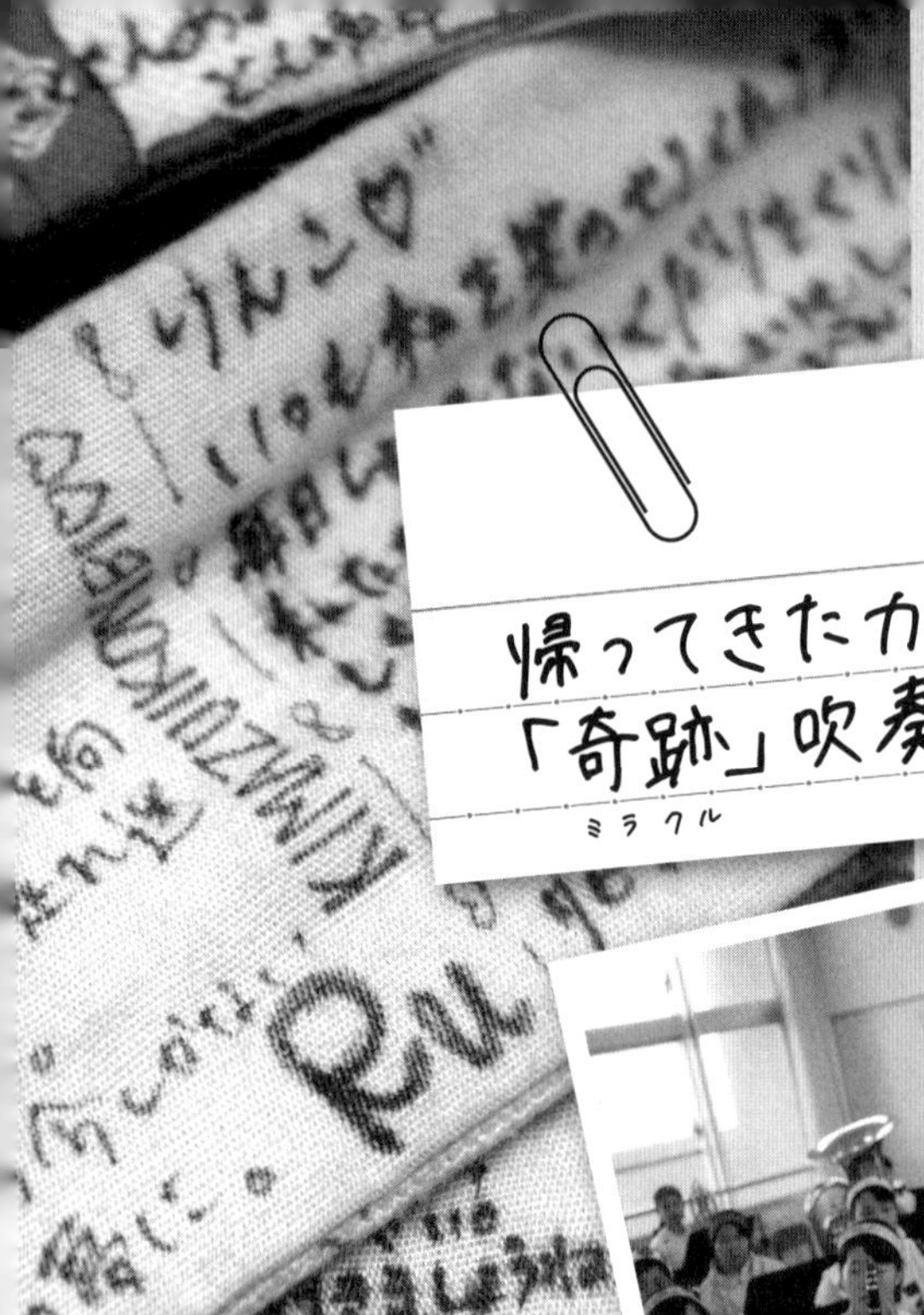

帰ってきたカリスマ先生と「奇跡《ミラクル》」吹奏楽部！

活水高等学校吹奏楽部（長崎県）

2015年にセンセーションを巻き起こしたあのカリスマ先生率いるブラバンガールズが全日本吹奏楽コンクールに帰ってくる！　全日本マーチングコンテストへの出場を決めた翌日でも、ハチマキを締めて練習に打ち込む部員たち。「吹奏楽の甲子園」は数日後に迫っていた――。

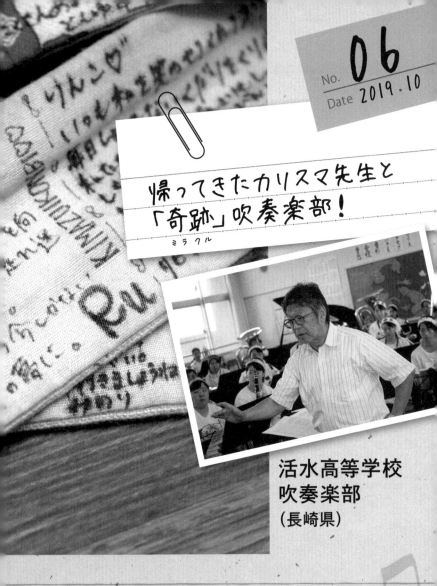

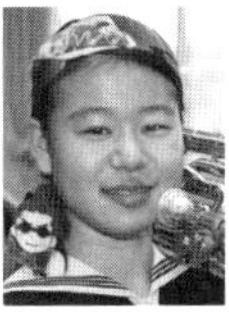

近藤玲菜さん
（2年生・
バストロンボーン）

［運営部長］
金子凜乃さん
（3年生・
パーカッション）

4年間の悔しさを乗り越えて

それは近年の吹奏楽界で最大のサプライズだった。

2015年。前年度まで福岡の精華女子高校吹奏楽部を率いて全日本吹奏楽コンクールで金賞ロードを驀進《ばくしん》していたカリスマ先生、藤重佳久先生がまったく無名の長崎県の活水中学校・高校に電撃移籍。コンクールメンバー55人のうち中学生が14人、中1も5人含まれているというバンド事情をものともせず、1年目でいきなり九州代表として全日本吹奏楽コンクールに初出場したのだ。

結果は銅賞だったが、その活躍は「奇跡《ミラクル》」と呼ばれた。

翌年以降、活水中高は系列の活水女子大学との合同バンド「活水学院吹奏楽団」でマーチングバンド全国大会に初出場したり、全日本マーチングコンテストで長崎県代表として初の金賞に輝いたり……といくつもの「初」を記録してきた。しかし、2015年以来、吹奏楽コンクールでの九州代表の座は僅差で逃し続けていた。

奇跡から4年——ついに2019年、藤重先生と活水が全日本吹奏楽コンクール

に帰ってくる。

10月14日、活水は前日に大分で行われた九州マーチングコンテストに出場し、3年連続の代表に選ばれたばかりだった。しかし、この日も吹奏楽部員は音楽室に集合し、頭にトレードマークのハチマキを巻いて練習に励んでいた。

なにせ6日後には「吹奏楽の甲子園」、全日本吹奏楽コンクールが控えているのだ。

課題曲《マーチ「エイプリル・リーフ」》、高昌帥《こうちゃんす》作曲の自由曲《吹奏楽のための協奏曲》の合奏練習では、藤重先生の指揮にも力が入り、顔中が汗だくだった。

そんな先生のエネルギーに感化されたように、部員たちも気合いの入った表情で楽器を奏でた。

「藤重先生はパパ　部員は家族」
「悔やむな　焦るな　怒るな」

そんな言葉が書かれた紙があちこちに貼られている音楽室の中で、部員たちは疲れた顔も見せずに夢の全国大会に向けて練習を続けた。

活水には、精華女子高校と同じく運営部長・生活部長・音楽部長という3人の部長が存在している。その中で、ミーティングの際に司会をするなどもっとも中心的な役割を果たす運営部長を務めている

のが、パーカッション担当の金子凜乃。部内では「カネコ」と名字呼びされている。

自分でも「真面目で、引っ込み思案で、人見知りをする性格」と自覚しているカネコは、投票で運営部長に選ばれたとき、「ウソやろ？なんで私!?」と困惑した。性格の問題だけでなく、過去に自信を失う経験があったからだ。

カネコは中学1年のときに吹奏楽部に入った。通っていたのは、宮崎県の強豪、大淀中学校。カネコは中1で全日本吹奏楽コンクールに初めて出場したが、緊張で手の震えが止まらず、演奏ではミスをしてしまった。銅賞という結果が悔しくてたまらなかった。

中2のときは九州大会金賞ながら代表には

なれず、カネコが部長になって挑んだ中3のコンクールは宮崎県代表にもなれずに終わってしまった。

「もっと私がみんなをまとめられとったら……」

カネコは落ち込んだ。

もう高校では吹奏楽は続けない――とまで思ったが、「このまま終わるのは悔しい！　どうせやるなら、強豪校で続けたい！」と考え直した。

活水は、たまたま母親の故郷が長崎だったため、オープンスクールで訪れた。そのとき目にしたマーチングの映像に「てげ（とても）かっこいい！」と感動し、進学を決めた。両親も「やりたいようにやればいっちゃない（やればいいじゃない）」と賛成してくれた。そして、入学後は学校の近くのアパートで母親と二人暮らしをしながら通学した。

しかし、まさか自分が活水の運営部長になるとは――。

もともと明るい性格ではなかったカネコは責任の重さを感じ、ますます明るさを失ってしまった。

心が折れかけた運営部長を支えた仲間たち

6月のことだった。

吹奏楽コンクールやマーチングコンテスト（通称・パレコン）に向けて本格的に始動しようという時期に、藤重先生が「雰囲気が暗い。特に、3年が暗い」と言った。カネコはまた責任を感じた。去年の先輩たちは明るく、ハキハキしていて、すべてが完璧。自分とは対照的だ……。

そして、先生からの指示で、ミーティングの司会を別の部員と交代することになった。先生は試験的な交代のつもりだったが、カネコは「運営部長も交代になるんじゃ……」と不安になり、これ以上ないほどに落ち込んだ。

「もう部活に行きたくない……」

「吹部、やめよかな……」

「もう、あそこに私のいる意味が……」

そんなことばかり考えてしまった。

活水では、藤重先生の方針で、各大会の直前に「意気込みレポート」を書いて提出することになっている。良い内容のものは、先生が練習の際や大会の会場で読み上げ、みんなのモチベーションを高めるのだ。

2019年の九州大会の前にカネコが書いた「九州大会意気込みレポート」には、落ち込んでいたときの気持ちが正直に綴られている。

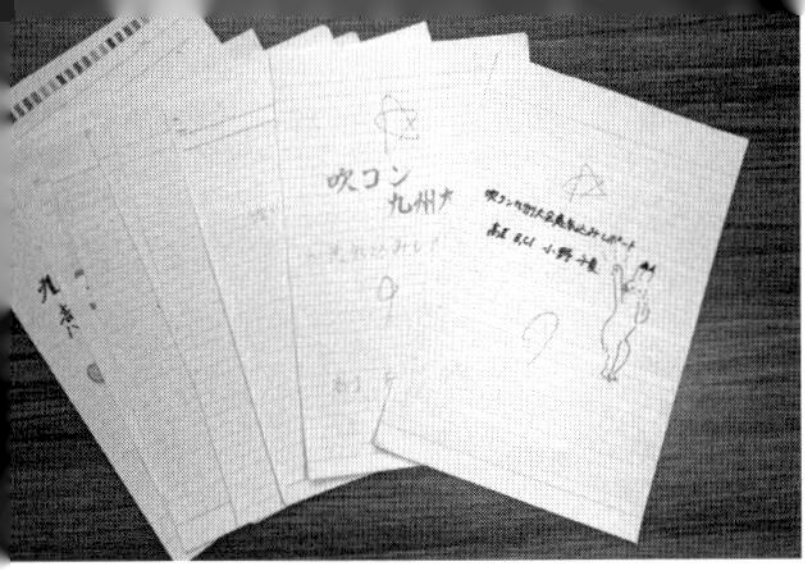

> 私が、この状況にいるのはきせきだなと最近よく思います。(中略)
> 私が今1番感謝を伝えたいのは、3年生のみんなです。
> 私は今まで何度も部長を、この部活をやめたいと思いました。
> それは、私の心が弱いせいです。人に迷惑をかけてばっかりで、
> そんな自分が大嫌いでした。私なんかいなくてもいい、
> と自分を責めて自己嫌悪におちいっていた時、3年生のみんなが、

本当にみんなが、「金子が部長でよかった！」とか「何かできることがあったらするから言ってね！」とか、たくさんたくさん声をかけてくれました。

30人いる3年生のすべてが、カネコを支えてくれた。そして、生活部長の「ウタ」こと津田唄が藤重先生に掛け合ってくれたおかげで、カネコはまたミーティングの司会に戻り、以前と変わらず運営部長として活動していくことができるようになった。

カネコは「意気込みレポート」にこう書いている。

迷惑しかかけていないのに、たくさん声をかけて私を元気付けてくれて、本当に感謝しています。

3年生のみんながいたから、今の私がある、と胸をはって言えます!!!

みんな、本当にありがとう!!!

立ち直ったカネコは、自分自身の今までの姿を振り返ってみた。運営部長としての立場や役割にこだわりすぎ、自分のことしか見えていなかったのではないか、と思った。だか

九州大会　意気込み

あっという間に九州大会がやってきました。私が、この状況にいるのはきせきだなと最近よく思います。まず第1に、私が活水に来たこと、2年半、この部活を続けられていること、大好きな3年生のみんなと出会えたこと、本当にまわりの人にたくさん助けられて、支えられて、ここまで来ることができたと思います。私が今1番感謝を伝えたいのは、3年生のみんなです。私は今まで何度も部長を、この部活をやめたいと思いました。それは、私の心が弱いせいです。人に迷惑をかけてばっかりで、そんな自分が大嫌いでした。私なんかいなくてもいい、と自分を責めて自己嫌悪におちいっていた時、3年生のみんなが、本当にみんなが、「金子が部長でよかった!」とか「何かできることがあったらするから言ってね!」とか、たくさんたくさん声をかけてくれました。迷惑しかかけていないのに、たくさん声をかけて私を元気付けてくれて、本当に感謝しています。3年生のみんながいたから、今の私がある、と胸をはって言えます!!! みんな、本当にありがとう!!! 3年生30人全員で全国大会に出れるように、この九州大会は絶対に通過します。ここがゴールではなくて、ここからです。この12分間に、3年生への感謝と、先生への感謝をこめて、笑顔で演奏します。また、ステージにのることができるのは55人と決まっていますが、活水はみんなで1つです。82人全員で演奏している気持ちで、みんなで音楽をつくり上げたいです。「気持ちで音はガラッと変わる」と言っていたので、最後まであきらめず、自分たちがやってきたことを信じて、最高な12分間にします。今回一緒に出ることができなかった小川、松本さんのために演奏します。2人にも数えきれないほど感謝してます。絶対辛いはずなのに「金子最近大丈夫?」ってきいてくれたり、「りのにはうちがおる!」って励ましてくれたり、私の元気の源です!!!

先生、体調が悪い中、毎日たくさんのご指導をありがとうございます。今までいろいろたくさんすみませんでした。本番で絶対恩返しします。見ていてください。活水に来て、みんなと出会えて、音楽ができている私は本当に幸せ者です。今まで活水に関わって下さった方にいい結果が報告できるように、全力で演奏します。このレポートを書いている今、感謝の気持ちでいっぱいです。活水に来て、本当によかったです。

絶対全国行きます。

ら、先生に「暗い」と言われる雰囲気を作ってしまったのだ。

カネコは反省し、部活中はなるべく笑顔でいるようにしたり、声のトーンを上げるように心がけた。そんなカネコを、3年生のみんながサポートしてくれた。カネコの変化によって、部の雰囲気も明るくなっていった。

7月になり、ハチマキを作ることになった。活水ではパートごとに好きな布を選んでハチマキを作り、そこに寄せ書きをしてもらうことになっていた。

カネコのハチマキにも部員たちが様々な言葉を書いてくれたが、もっとも印象に残ったのはウタの記した言葉だった。


色々あってぶつかったりもしたけど、やっぱり唄は金子が大好き!!

あなたのsmileはpowerはみんなを幸せにするよ!!


頑張って笑顔を心がけてきたことを仲間に認めてもらい、カネコは心から嬉しかった。

カネコをはじめ、部員たちはそれぞれにハチマキを締めて練習に打ち込んだ。そして、7月20日に出場した長崎県大会を無事に突破。8月25日に熊本県立劇場で行われる九州大

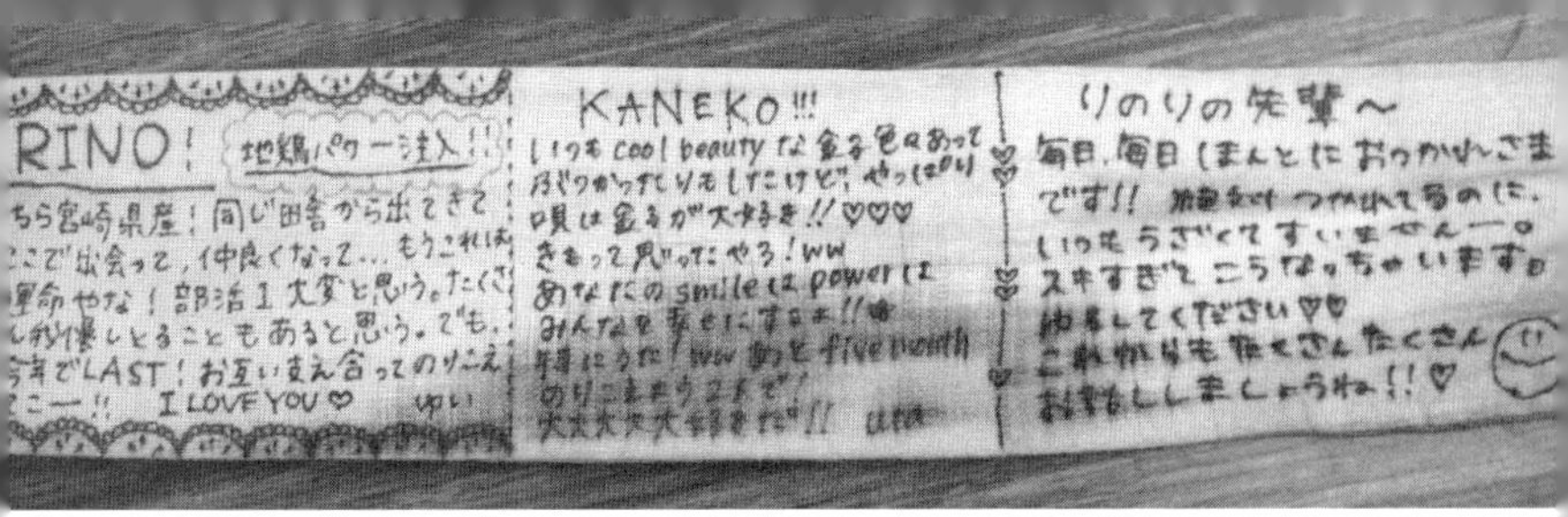

会に出場することが決まったのだった。

そこを抜ければ、4年ぶりの全国大会出場が決まる。だが、九州大会はどこよりも熾烈だ。昨年、全国大会に出た藤重先生の古巣の精華女子高校、名門の福岡工業大学附属城東高校、熊本の玉名女子高校の3校は、すべて金賞を受賞したからだ。

しかも、活水の出場順はもっとも不利だと言われる1番になった。直後の2番には全国大会で5年連続金賞を受賞中の玉名女子高校が登場する。比較されることは間違いない。

大きなプレッシャーを感じながらも、カネコたち活水の部員たちはエネルギッシュな藤重先生とともに九州大会までの熱い時間を過ごした。

「10分でも1分でも、今を大切にしたい」

カネコには親友がいた。同じ3年生でコントラバス担当の「るんちゃん」こと小川瑠七だ。るんちゃんはカネコのことを「りの」と呼んでいる。

カネコやるんちゃんにとって高校生活最後のコンクールに向けてのオーディションで県大会のメンバーが選ばれたとき、るんちゃんは55人の中に入っていなかった。そして、九州大会でもやはりメンバー外だった。30人いる3年生の中で、メンバーに入れなかったのは2人だけだった。藤重先生としても3年生を全員メンバーにしたい気持ちはあったが、これはやむを得ない決断だった。

カネコは「意気込みレポート」にこう書いている。

ステージにのることができるのは55人と決まっていますが、活水はみんなで1つです。82人全員で演奏している気持ちで、みんなで音楽をつくり上げたいです。「気持ちで音はガラッと変わる」と言っていたので、最後まであきらめず、自分たちがやってきたことを信じて、最高な12分間にします。今回一緒に出ることができなかった小川、松本さんのために演奏します。2人にも数えきれないほど感謝してます。絶対辛いはずなのに「金子、最近大丈夫？」ってきいてくれたり、「りのにはうちがおる！」って励ましてくれたり、私の元気の源です!!

るんちゃんは、熊本までサポートメンバーとして同行していた。そして、九州大会当日の早朝、カネコに手紙をくれた。

そこには、るんちゃんの思いが綴られていた。

うち、ついてないんかなって思ってて、人生負け組なんかなって。
この世の中、不平等やなって。ずーーーっと。りのと木つつきよる時も、話しよる時も、夜空見ながら「月くもってね？」て言いよる時も考えよったんよ。「これでいいんかな自分。ここ居《お》っていいんかな。」って(笑)
でもね、りのがうちが居る意味をつくってくれた。りのを支えな！　りのを笑わせな!!って勝手にそう思いよる自分がおったし、笑ってくれるその姿に元気をもらっとった。

カネコが気づいていないうちから、るんちゃんはずっと苦しい気持ちを抱え続けていたのだ。それなのに、カネコが折れそうになっているとき、一生懸命に励ましてくれた。自分のほうがつらいはずなのに。

1年生のときは二人揃ってコンクールメンバーになれなかった。2年生のとき、カネコだけが九州大会にメンバーとして出場することができた。しかし、活水は九州代表には選ばれなかった。カネコがメンバーとともに遠征先から学校に戻ると、るんちゃんたちが迎

のりのりの〜
久しぶりの手紙？もしかして？あはは♡　ニヤニヤしてるってみんなに
見られてるって！やめたほうがいいって!!
まあまあ、という訳で！本題へ…　いつもですね、支えてもらっ
てってゆうか、まあお互いなんだと思うけど、本当にいつもあり
がとう。なんかさ、うち、ついてないんかなって思ってて、人生負け
組なんかなって。この世の中不平等やなって。ず――っと。りのと
木つつきよる時も、話しよる時も、夜空見ながら「月くもってねぇ」
って言いよる時も考えよったんよ。「これでいいんかな自分。ここ居って
いいんかな。」って（笑）　でもね、りのがうちが居る意味をつくっ
てくれた。りのを支えな！りのを笑わせな!!って勝手にそう思
いよる自分がおってたし、笑ってくれるその姿に元気をもらっとった。
気づいたら（笑）　あら、不思議♡（まあ素敵♡）
ほんで、感謝しとります。すんご糖。　一緒に全国行こう!!!
うちさ、覚えとるんよね（笑）九州終わって、メンバー帰ってきて、持ち
様の時にりのがうちに「ごめん。」って言った時の顔。うち涙こら
えるの必死やったけんね？本当に（笑）その顔を思い出しながら毎
日練習してた。頑張れた。だから今も頑張れてる。全力でみんな
をサポート。全力でみんなを応援。全力でりのを元気づける。
もう何だってできる。　あっとゆーまに九州もすぎて、全国行って
パレコンも全国まで行ったらみんなと涙の定期演奏会。
待ち遠しかったけど、けっきょくはみんなのことがさびしくて悲しくなる。
そんなもんよ、吹奏楽部の青春って。　良かったな活水来て、みんな
と出会って、藤重音楽できて。りのに出会えて、笑って、泣いて、
はげまし合って。　最高だったよ。ありがとうね。もうこれもこの生活
もどんどん終わってくね。　後悔は絶対したくない。
だから、今を大切に!!　たった1時間でも10分でも1分でも
一緒に部活やってる時間を大切にしたい。あと少しだけど
頑張ろう！　絶対大丈夫だから！りのならできるから!!!　ね？
そうでしょ？　本番、ずっと応援してる。一本集中！
いけ――――！　アンパンマン

るんちゃ♡

えてくれた。

「ごめん」

カネコはるんちゃんにそう言って謝った。メンバーに選ればれながら、全国大会に出場できなかった。

カネコは謝らずにはいられなかったのだ。

るんちゃんはそのときのことも手紙に書いていた。

うちさ、覚えとるんよね(笑)九州終わって、メンバー帰ってきて、持ち検の時にりのがうちに「ごめん。」って言ったときの顔。うち、涙こらえるの必死やったけんね? 本当に(笑)その顔を思い出しながら毎日練習してた。頑張れた。だから今も頑張れてる。全力でみんなをサポート。全力でみんなを応援。全力でりのを元気づける。もう何だってできる。

るんちゃんは、なんて強いのだろう。そして、自分はどれほどるんちゃんに支えられてきたのだろう。

カネコは改めて思った。

今年こそ、全国大会に出よう。るんちゃんのために演奏しよう。何が何でも九州大会を突破して、るんちゃんと一緒に名古屋に行こう！　30人の3年生みんなで！

あっとゆーまに九州もすぎて、全国行って、パレコンも全国まで行ったら、
みんなと涙の定期演奏会。
待ち遠しかったけど、けっきよくはみんなのことがさびしくて恋しくなる。
そんなもんよ、吹奏楽部の青春って。良かったな、活水来て、みんなと出会って、
藤重音楽できて。りのに出会えて、笑って、泣いて、はげまし合って。
最高だったよ。ありがとうね。もうこれも、この生活もどんどん終わってくね。
後悔は絶対したくない。
だから、今を大切に!!　たった1時間でも10分でも1分でも一緒に
部活やってる時間を大切にしたい。

手紙に書かれたるんちゃんの言葉、一つ一つがカネコの胸にしみた。

会場である熊本県立劇場に向かう前の最後の通し練習。カネコは課題曲でスネアドラムを担当していたが、極度の緊張に襲われ、手が震えてうまく楽器を叩けなくなってしまった。中1で初めて全国大会に出たときの失敗の記憶が甦ってきた。

「やばい、どうしよ……」

すると、るんちゃんがやってきて、カネコの両手を包み込むように握ってくれた。

「あったかいな」

るんちゃんのおかげで気持ちが落ち着いた。

しかし、バスで熊本県立劇場に乗り込み、出演順一番でまだどの団体も演奏していないまっさらなステージに出ると、中学時代にも経験したことがないほど手が震えた。

その震える手で、課題曲のスネアドラムの楽譜を譜面台に置き、開いた。

大好きな3年生と全国!!!　名古屋行く!!!

それはカネコ自身が、楽譜を貼り付ける黒い紙の一番上に大きく書いた言葉だった。そして、下には白い字で小さくこう書かれていた。

後ろにおるで。大丈夫や

るんちゃんの字だった。

今、ステージにはるんちゃんの姿はない。けれど、反響板の向こうにるんちゃんがいる。すぐそばでカネコを応援してくれている。

「落ち着こう。大丈夫、大丈夫……」

カネコは必死に自分と戦った。だが、手の震えが止まらない。

そうこうするうちに藤重先生が指揮台に上がり、演奏が始まってしまった。課題曲のマーチを軽快に先導するはずのカネコのスネアは、ど

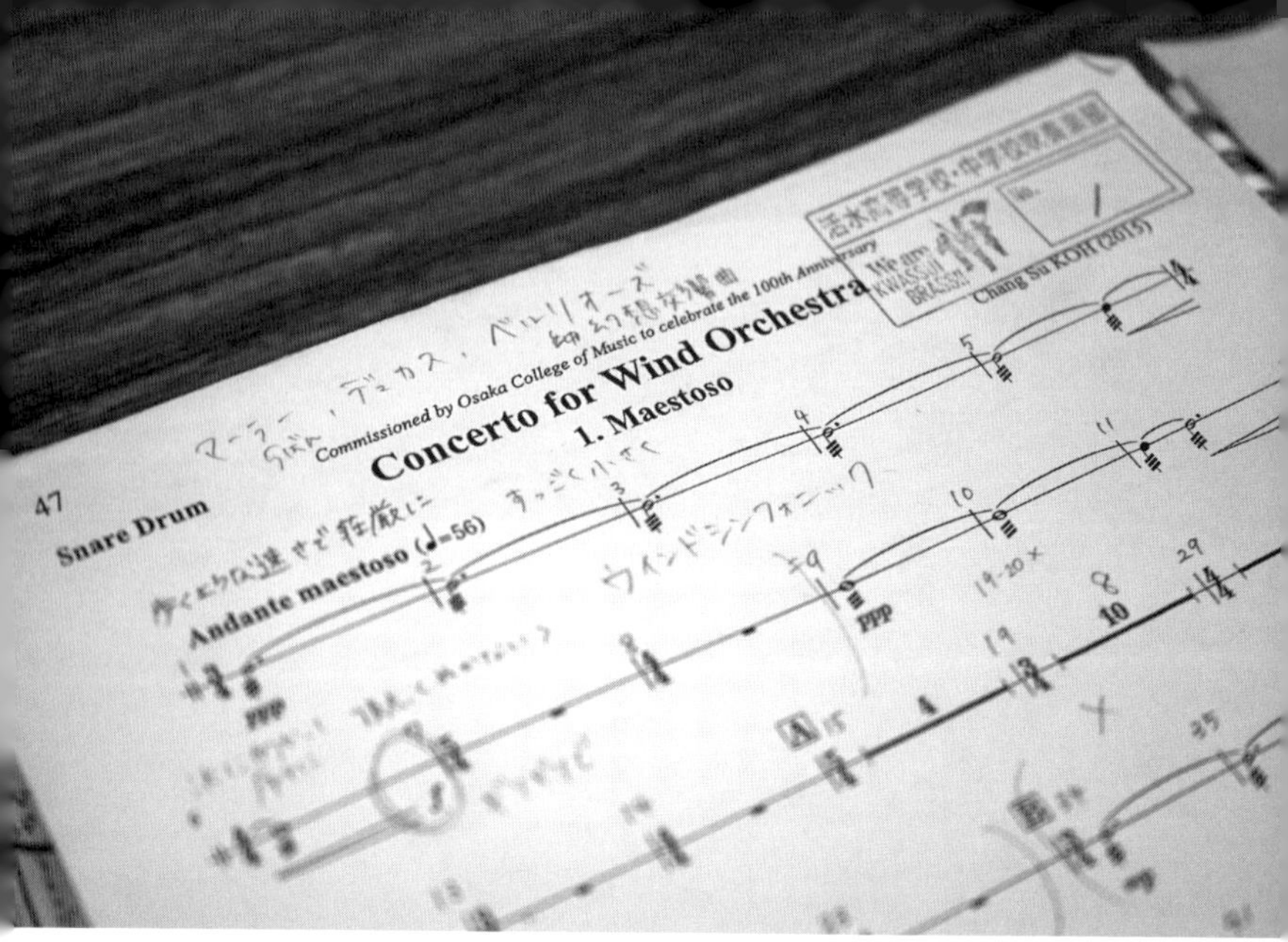

こかぎこちなかった。手はまだ震えたままだった。全体の音が静かになるトリオ(中間部)では、スネアの音が一部途切れてしまいそうなほど小さくなる場面もあった。

自由曲では持ち直し、ミスすることなく演奏できた。しかし、頭の中は「やばい……やばい……」でいっぱいだった。

カリスマと呼ばれる藤重先生の指揮に導かれ、活水は朝イチとは思えない圧巻の演奏を披露し、喝采を浴びた。

ステージを出ると、カネコは号泣した。

「コンクール、ここで終わった……私のせいや！」

記者が演奏後のコメントをとりにきた。泣いているカネコを見ると、「それは嬉し涙ですか?」と尋ねた。カネコは「あ……いえ……はい……」としどろもどろになりながら、どうにか取材に応じた。

他のメンバーは笑顔になっていた。カネコとは逆に嬉し涙を流している部員もいた。みんな、カネコのミスをさほど気にしている様子がなかったのが幸いだった。

しかし、表彰式に出るのもカネコの役目。たまらなく気が重かった。

緊迫の代表校発表の瞬間

九州大会は8県から代表26校が参加し、前後半に分かれて行われる。まず前半の部が終わると、前半の表彰式となる。そして、金賞受賞校のうち上位3校だけが残り、後半の部の表彰式に参加する。後半の部が終わって後半の表彰式が行われ、最後に前後半の成績上位校の中から九州代表の3校が選ばれる、というシステムになっている。

前半の表彰式で活水は金賞を受賞し、九州代表になる権利を得て後半まで残ることになった。カネコはひとまずホッとした。

そして、後半の表彰式。ステージ上で各校の賞の発表が行われる間、カネコは活水の代表として薄暗い舞台裏に置かれたパイプ椅子に座っていた。隣には、玉名女子高校と鹿児島の県立松陽《しょうよう》高校の代表者がいた。

「やっぱ玉女《たまじょ》は落ち着いとるな。慣れとるんやろな……」

カネコはそう思った。自分は落ち着くどころではない。運命の発表を前にして胸の鼓動が恐ろしいほど速くなり、止まってしまうのではないかと心配になるほどだった。

吹奏楽連盟の役員の先生がやってきて、「もし代表校として呼ばれても、

3校すべて発表されるまではここで座っているように」と伝えた。

ついに、発表のときが来た。会場も、舞台裏も、水を打ったように静まり返った。聞こえるのは心臓の音だけ――。

「活水高等学校！」

最初に呼ばれた代表校は、なんと活水だった。客席で「キャーッ！」という叫びが上がった。カネコはすぐに状況が理解できず、パニックになった。そして、立ち上がってステージに出ていこうとし、連盟の先生に止められた。もう一度椅子に腰を下ろしたが、客席からはまだ喜びの声が聞こえてきていた。

「あぁ、みんなと一緒に喜びたい！」とカネコは思った。

最終的に、代表に選ばれたのは前半の3校だった。カネコは玉名女子や松陽の部員とともにステージに出て、表彰状と代表カップを受け取った。

客席のほうを向いてお辞儀をし、顔を上げると、活水の仲間たちが自分に向かって手を振っているのが見えた。そこにはるんちゃんもいた。藤重先生はどこにいるのだろう？

カネコは「意気込みレポート」の最後に、先生に向けてこんなことを書いていた。

今までいろいろたくさんすみませんでした。本番で絶対恩返しします。
見ていてください。活水に来て、みんなと出会えて、
音楽ができている私は本当に幸せ者です。（中略）
このレポートを書いている今、感謝の気持ちでいっぱいです。
活水に来て、本当によかったです。
絶対全国行きます。

その言葉を、カネコは仲間たちとともに現実のものにした。

「つらかったとき、吹部をやめんで本当によかった……」

カネコは目を潤ませながらそう思った。

次は、夢にまで見た全国大会だ。日本中から名門校、常連校が集まってくる。そこに活水は4年ぶり2度目の出場を果たす。4年前は銅賞だった。今回、たとえどんな結果になっても、絶対に忘れられない大会になることだけは確かだ。

その日まで、るんちゃんが教えてくれたように「今」を大切にしていこう。

「吹奏楽の甲子園」に中1で出場

活水には「日誌」というものが存在している。部員各自が書く部活日記のようなもので、定期的に藤重先生に提出するのだ。たとえば、ホルンパートのパートリーダーである亀澤由衣（3年）は九州大会の直後、日誌にこう書いている。

今日は言葉では表せないくらい幸せな日でした。（中略）本番は自分でも信じられないほどすごく楽しくてⅣ楽章も今までで1番キレイに吹けて、もう代表で呼ばれなくても悔いない程とにかく楽しかったです。（中略）落ちてしまった精華や城東、他の学校のためにも全国でも金を取りたいです。

トランペットの1stトップ奏者である石村奈瑠（3年）は9月25日に前向きな言葉を書き連ねていた。

せっかく『ダブル全国金』のチャンスが今あるので絶対あきらめず、妥協せず、信じて頑張ります!!
名古屋でも大阪でも伝説に残るような演奏・演技をして活水の新たな伝統を作りたいです!
Anything is possible!!!

そして、高校2年でバストロンボーンを担当している「コンちゃん」こと近藤玲菜は、もう5年も日誌を書き続けてきた。

コンちゃんは2015年に活水中学校に入学し、いきなり全日本吹奏楽コンクール・高校の部に出場した5人の中学1年生のうちの一人なのだ。

小学校までは水泳を習っていた。家の近所にあるという理由で活水中学校を選び、活水には水泳部がなかったために吹奏楽部に入った。藤重先生のことも、先生がかつて率いて

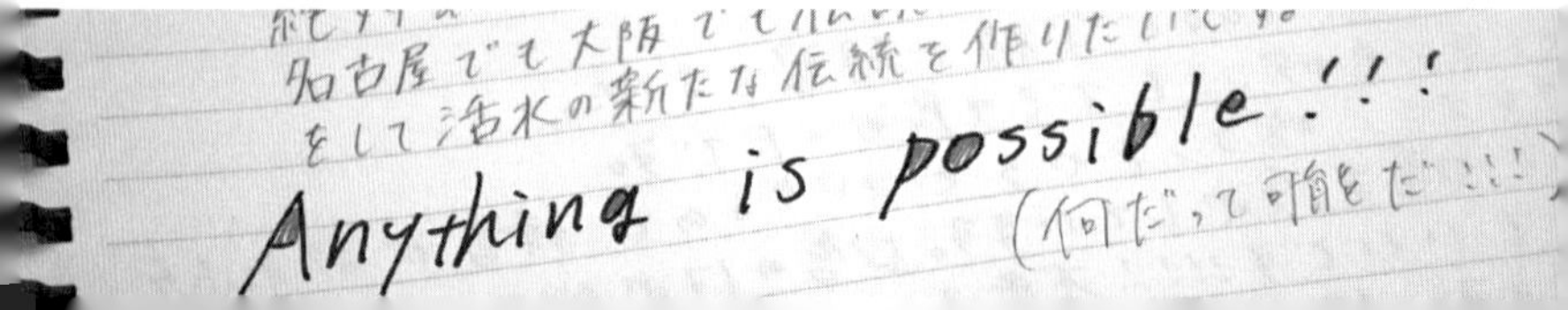

いた精華女子高校のこともまったく知らず、トロンボーンも初心者だった。
　そんなコンちゃんが半年後には、中高合同のバンドの一員として「吹奏楽の甲子園」に出場してしまったのだから、まさに奇跡《ミラクル》である。
　覚えているのは、ウキウキしながら旅行気分で飛行機に乗って名古屋へ行ったこと、課題曲の最初の音を外したこと、自由曲《ルイ・ブージョワーの賛歌による変奏曲》の最後にあるトロンボーンの目立つソリでピッチが合わなかったことだ。
　当時はよくわかっていなかった全国大会の重みを、コンちゃんはその後知ることになった。

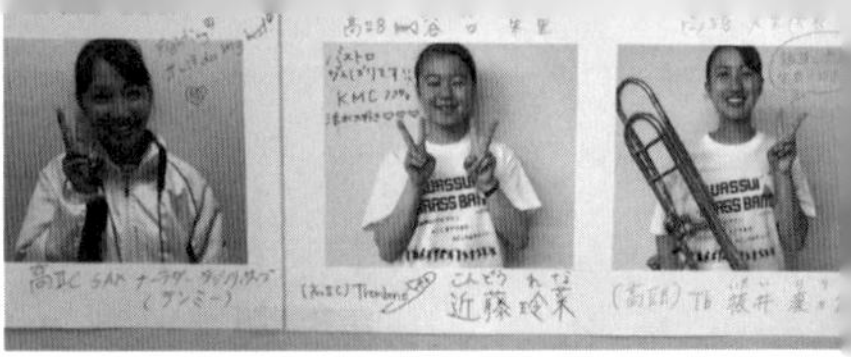

中2、中3は活水中学校単独でコンクールに出場したが、人数が少ないこともあって九州大会に進めなかった。高校1年でトロンボーンからバストロンボーンに変わり、2018年は活水高校のメンバーとして九州大会に出場した。
そのときのことをコンちゃんは今年思い出し、日誌に書いた。

今、去年の九州大会のことを思い出しています。

今までの人生で、「悔しくて悲しくてこんなに泣いたことはない」

というくらい泣いて、本当に全国に行けると思っていたのに（後略）

昨年、トロンボーンパートには3年生が2人いたが、オーディションで九州大会に出るメンバーに選ばれたのはコンちゃんを含めた1、2年生だけだった。先輩の代わりに出場したのに、代表を逃した。それが申し訳なく、宿泊していたホテルに戻ってから「すみません！」と先輩に泣きながら謝った。

今年、コンちゃんももう高2、活水に来て5年目だ。

活水には各学年のリーダーである学年部長という役職があり、コンちゃんは高2の学年部長。来年はカネコの跡を継いで運営部長になる可能性が高い。

コンちゃんの中に吹奏楽部全体に対する責任感が芽生え始めていた。

名古屋で2度目の「奇跡」を!

6月のことだった。

練習中になかなか部員たちのテンションが上がってこなかった。コンちゃんは、藤重先生が自分たちに失望しているのではないかと感じた。学年部長としても「どうにかせな……」と思ったが、なかなか部活を活気づけられない。

「このままやったら、藤重先生ががっかりして、ここにおらんくなってしまうかもしれん」

いつしかコンちゃんはそんな危機感を覚えるようになった。

中1で入部したころは先生のことを何も知らなかったコンちゃんも、この5年間、「カリスマ」と呼ばれる藤重先生の偉大さを間近で見てきた。コンちゃんは先生のことが大好きだった。

だから、日誌に先生へのメッセージを書いた。

先生が活水にいらっしゃってから5年目。私も5年目です。先生が来年からいなくなったら本当に悲しいです。私は今年が最後にならないことを願いますが、もしかしたら最後なのかもしれないので、最高の成績を残して最後は嬉しい気持ちで終わりたい、終わっていただきたいと思っています。未来のことを色々言ったって、先はどうなるか分からないので「今」という時間に悔いを残さないように「今」を頑張ります。1年目、4年前に立った全国のステージへもう1度行けるように、これから厳しい練習になると思いますが、私は先生について行きます！（中略）先生、これを書いていいる今も涙が止まりません。

藤重先生はやめることなどまったく考えていなかったが、日誌に書かれたコンちゃんの思いを温かく受け止めた。

提出した日誌が先生から返され、コンちゃんは恐る恐る日誌を開いた。すると、思いを

No.

Date

その後 東山手で
私は中学生の
いつも 全力で応援
といて、今年もかなり
選択して、本番では
歓声が上がり、
に気づいた」という
で こんなに泣いた
を 一生懸命応援
も頑張っているので

が応援に行きま
て、明日の体育図
パネルの色塗りを
やってきてから ララウス
。 部活は休み

行きました。
、曲が完成
思いました。
全部完璧に
自身も細かいミス
が完璧を目指して
すぐに合奏を

つづき

これからも もっと上手になるように頑張って教えたいです。

明後日は くんちとバンドフェスタの本番です。私は松尾かほ先輩と企画委員を担当するので、スムーズにいくような指示を出せるように気を抜かずに頑張ります。そして、前日の玉名女子と比べられると思うので、心から楽しんでお客さんにも楽しんでいただけるようなステージにしたいです。

最後に、藤重先生! 沢山の日誌を読んでくださって
ありがとうございます。いつもご指導ありがとうございます。

今、去年の九州大会のことを思い出しています。今までの人生で、「悔しくて悲しくてこんなに泣いたことはない!」というくらい泣いて、本当に全国に行けると思っていたのにまた1点差だった去年の九州大会。1点分のがんばりが足りなかったということなんだと思います。今年はまだ曲も決まっていなくて少し不安もありますが、基礎を固めてまずは県1位で九州大会に行きたいです。長崎のレベルもだんだん上がってきていて、どの学校も上手だと思います。最初の目標は県1位、次は全国大会出場、その次は全国大会金賞と勝手に考えています。先生が活水にいらっしゃってから5年目。私も5年目です。先生が来年からいなくなったら本当に悲しいです。私は今年が最後にならないことを願いますが、もしかしたら最後なのかもしれないので最高の成績を残して最後は嬉しい気持ちで終わりたい、終わっていただきたいと思っています。未来のことを色々言ったって、先はどうなるか分からないので「今」という時間に悔いを残さないように「今」を頑張ります。1年目、4年前に立った全国のステージへもう1度行けるように、これから厳しい練習になると思いますが私は先生についていきます! 本当に本気で今年行かないといけないです。ここで活水を終わらせたくないです。先生、これを書いている今も涙が止まりません。本当はこんなこと言っていいのか分から

Date

ありがとう!

Y, T

綴ったページの裏に大きく「ありがとう！」と書かれていた。ホルンの絵、「Y・F」というイニシャルもあった。
先生に届いたんや――コンちゃんは笑顔になった。

そして、今年、活水は全国大会をかけて九州大会に挑んだ。会場は、4年前に奇跡を起こしたのと同じ熊本県立劇場。コンちゃんは運命的なものを感じていた。
そして、「意気込みレポート」にこう書いた。

今回はプログラム1番なので3時起きです。1年目にミラクルで全国大会に行った時も九州大会は4時起きでプログラム2番でした。こんなに状況が似ているということは、今年全国に行けるのではないか、と少しだけジンクスのようなものを信じてしまいたくなります…。1年目に何も分からないまま出場した全国大会。でも、私も今は高校生です。九州大会を抜けて全国大会に行くことがどれだけ難しいことなのか分かっているつもりです。（中略）最後は笑顔で終わりたいです。活水ならきっと大丈夫です!!

コンちゃんは4年前と同じ熊本県立劇場のステージに立った。中1のときは右も左もわからず、トロンボーンもちゃんと吹けているとは言いがたかった。でも、今年は違う。カリスマである藤重先生の指導を5年間受け、自信を持ってひな壇に上がっていた。

出演順はもっとも不利な1番だったが、先生には本番前に「1番でもバーンとインパクトを残せばいけるから！」と言われていた。そして、そのとおり、演奏では迫力のある活水サウンドを響かせることができた。

4年前の全国大会のようなミスもせず、コンちゃんはほぼ完璧に演奏を終えた。

藤重先生の指揮が止まり、先生が指揮台を降りた。それと同時に55人が立ち上がった。コンちゃんもバストロンボーンを手にして立ち上がりながら、達成感で涙が出そうだった。

「あ、きっと活水、いった……」

そのとき、九州代表を確信した。まだ自分たちの後に25校が演奏するのに、不思議とコンちゃんにはそう思えたのだ。まばゆい照明の中でコンちゃんは笑顔を浮かべ、照明が落ちるとまぶたから涙がこぼれた。

そして、コンちゃんの確信したとおり、活水は代表に選ばれた。


今、活水は全日本マーチングコンテストの九州代表にも選ばれ、2つの全国大会に出場することが決まっている。

コンちゃんにとっては2度目のセンチュリーホール。活水中学校から上がってきた高3と高2はその場所を経験している。きっと今年はあのときよりも良い演奏ができるはずだ。

いや、ただ良い演奏をするだけではなく、金賞を目指したい。金賞をとって、誰よりも藤重先生に喜んでもらいたい。藤重先生の笑顔が見たい。

あの懐かしい「吹奏楽の聖地」で演奏するのは、もう6日後だ。

大好きなみんな、大好きな藤重先生と名古屋で起こそう——2度目の奇跡を！


【全日本吹奏楽コンクールまで、あと6日】

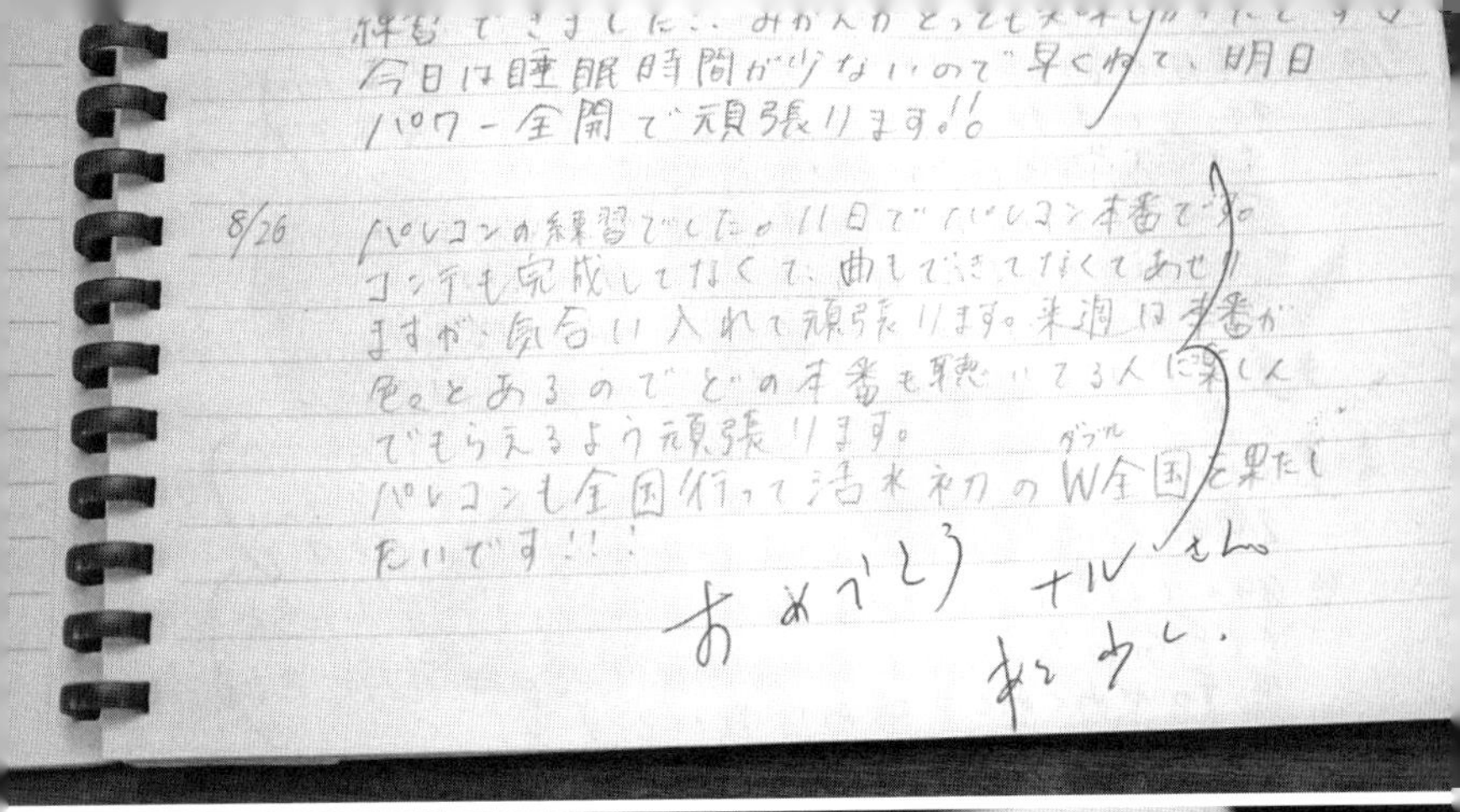
今日は睡眠時間が少ないので早く寝て、明日
パワー全開で頑張ります!!
8/26
パレコンの練習でした。11日でパレコン本番です。
コンテも完成してなくて、曲もできてなくてあせり
ますが、気合い入れて頑張ります。来週は本番が
色々とあるのでどの本番も聴いてる人に楽しん
でもらえるよう頑張ります。
パレコンも全国行って清水初のW《ダブル》全国を果たし
たいです!!!
おめでとう

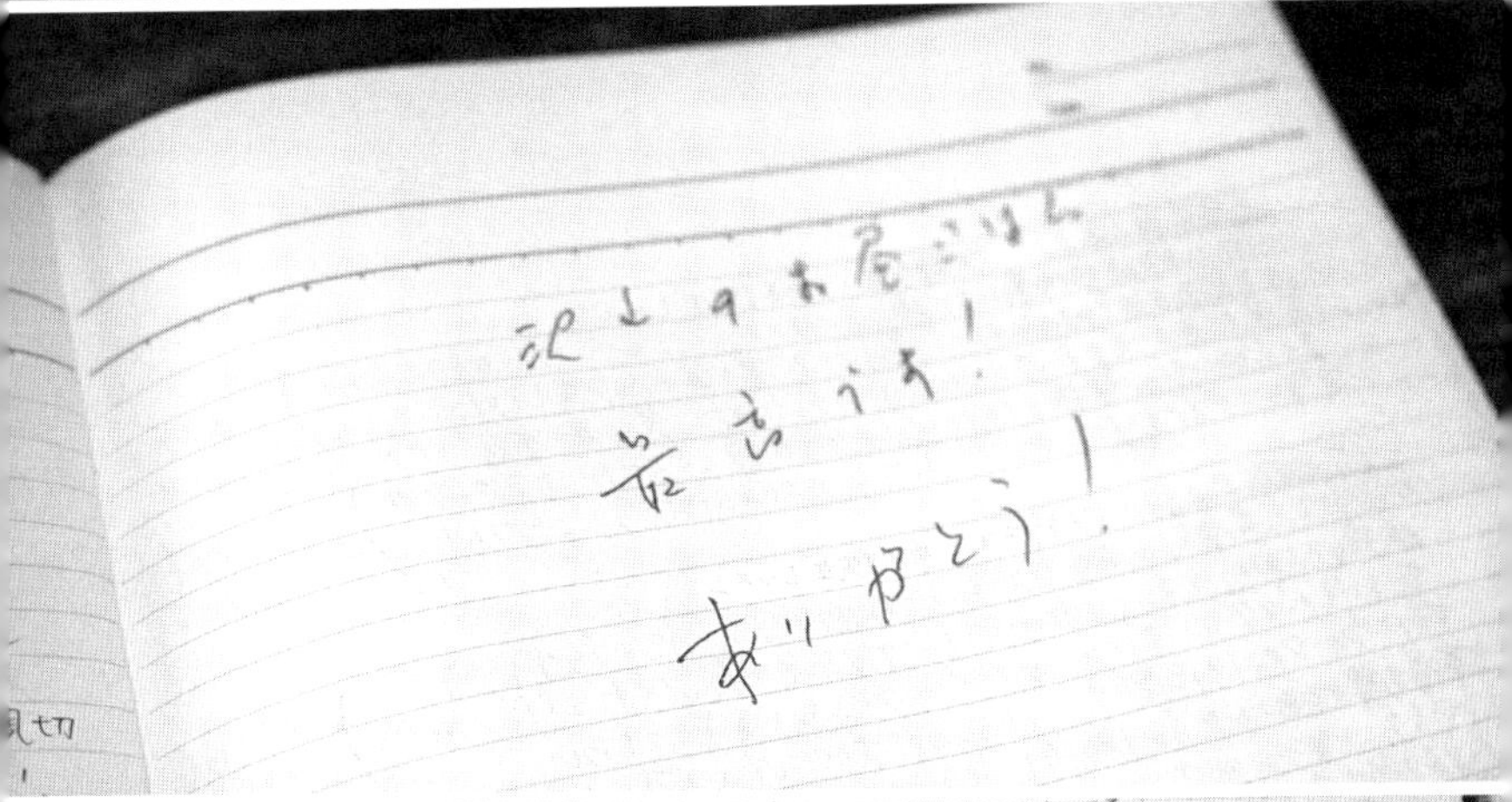
沢山のお便り
ありがとう!

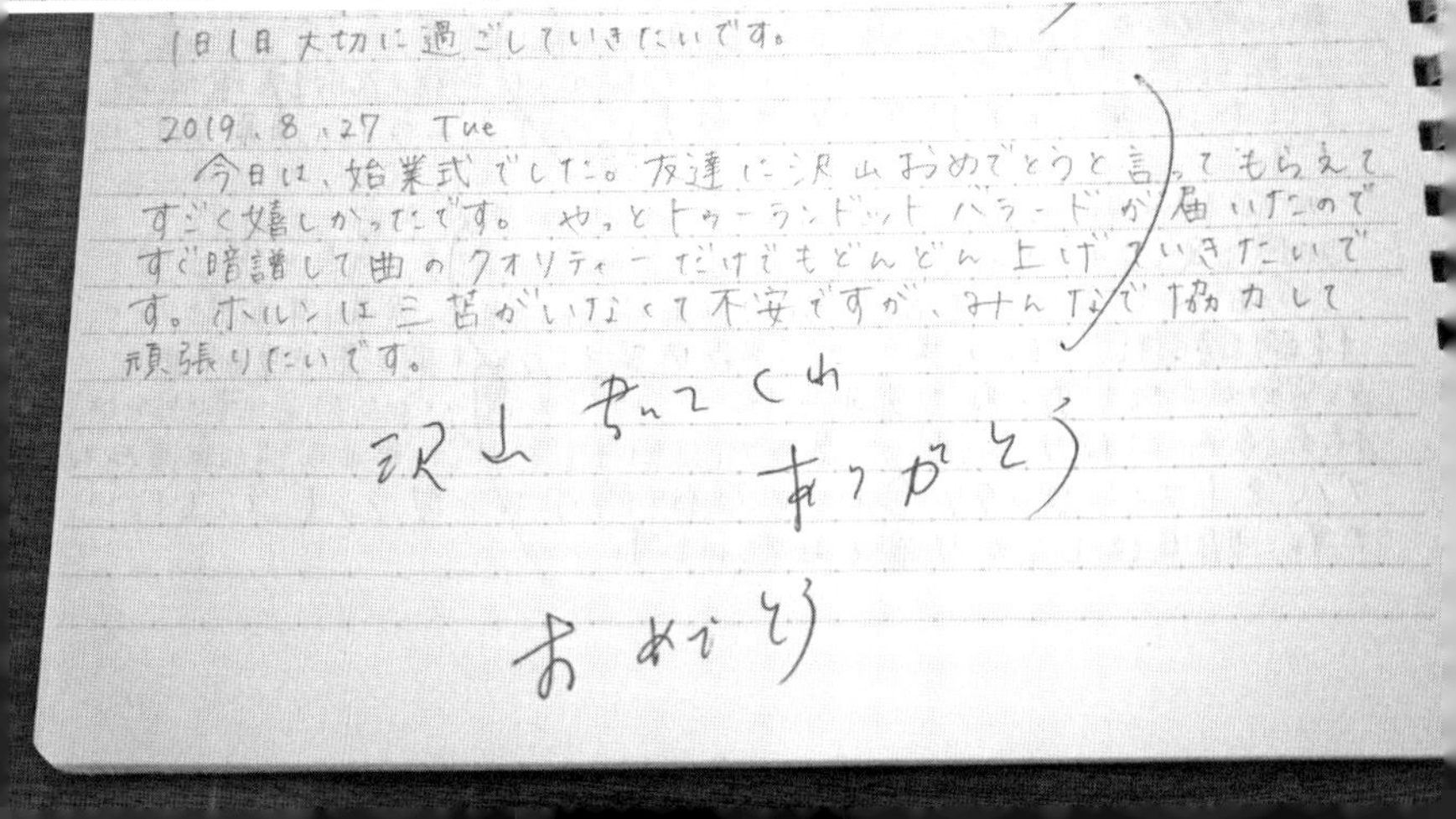
1日1日大切に過ごしていきたいです。
2019.8.27 Tue
今日は、始業式でした。友達に沢山おめでとうと言ってもらえて
すごく嬉しかったです。やっとトゥーランドット バラードが届いたので
すぐ暗譜して曲のクオリティーだけでもどんどん上げていきたいで
す。ホルンは三年がいなくて不安ですが、みんなで協力して
頑張りたいです。
沢山書いてくれ
ありがとう
おめでとう

活水高等学校吹奏楽部（長崎県）

1879年に設立された活水女学校を前身とする私立の女子校。吹奏楽部は付属の活水中学校の生徒も含めて82人で活動。福島、東京、埼玉など九州以外からも部員が集まる。2019年は全日本吹奏楽コンクール、全日本マーチングコンテストにW出場。

藤重佳久先生

1954年生まれ。福岡県出身。福岡大学附属大濠高校を経て、武蔵野音楽大学を卒業（ホルン専攻）。精華女子高校（福岡）を全国トップクラスのバンドに育て上げ、全国大会に19回出場。2015年より活水学院吹奏楽団音楽総監督。

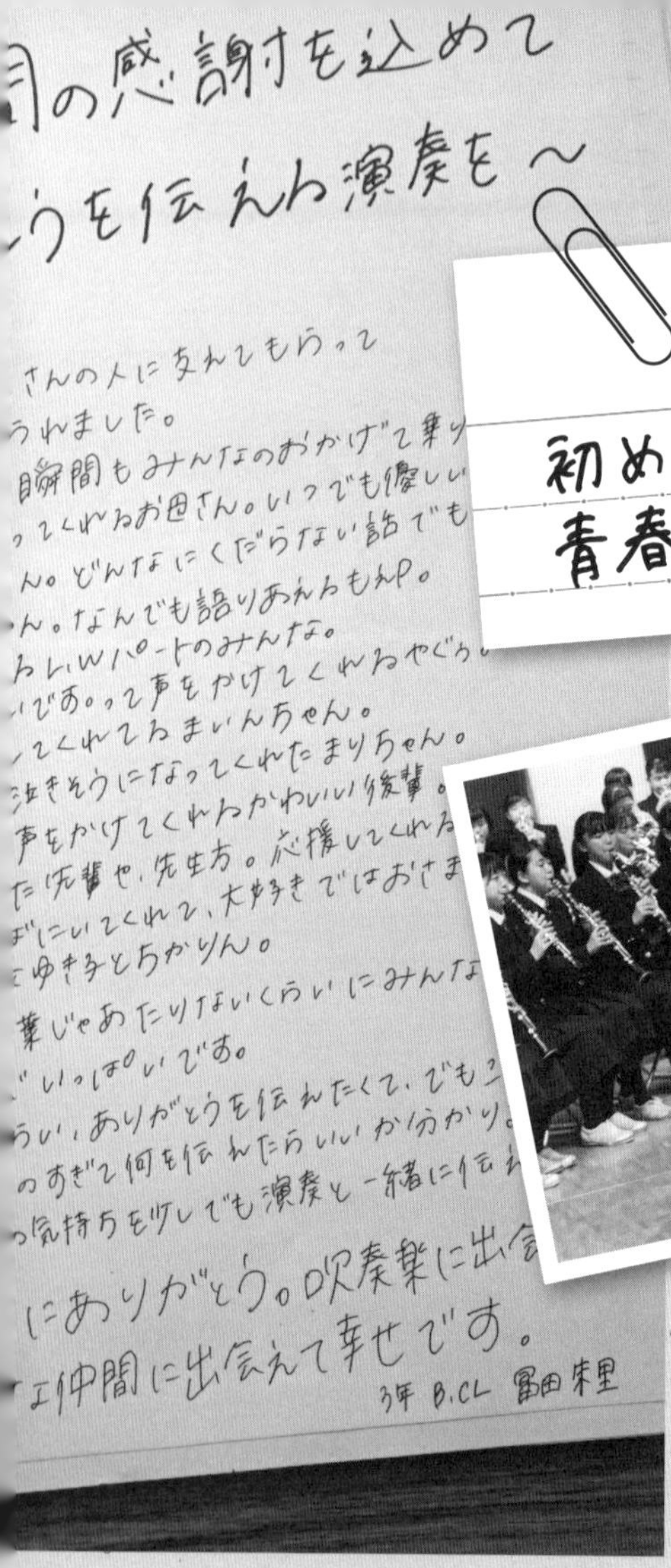

No. 07
Date 2019.11

初めての全国大会、青春をかけた12分間

東海大学付属大阪仰星《ぎょうせい》高等学校吹奏楽部（大阪府）

2019年の全日本吹奏楽コンクールには2校の初出場校が登場した。1校は小松市立高校、もう1校は東海大学付属大阪仰星高校。関西大会の高い壁をついに乗り越えた55人と先生は「吹奏楽の甲子園」という未知の世界へと足を歩み出していった——。

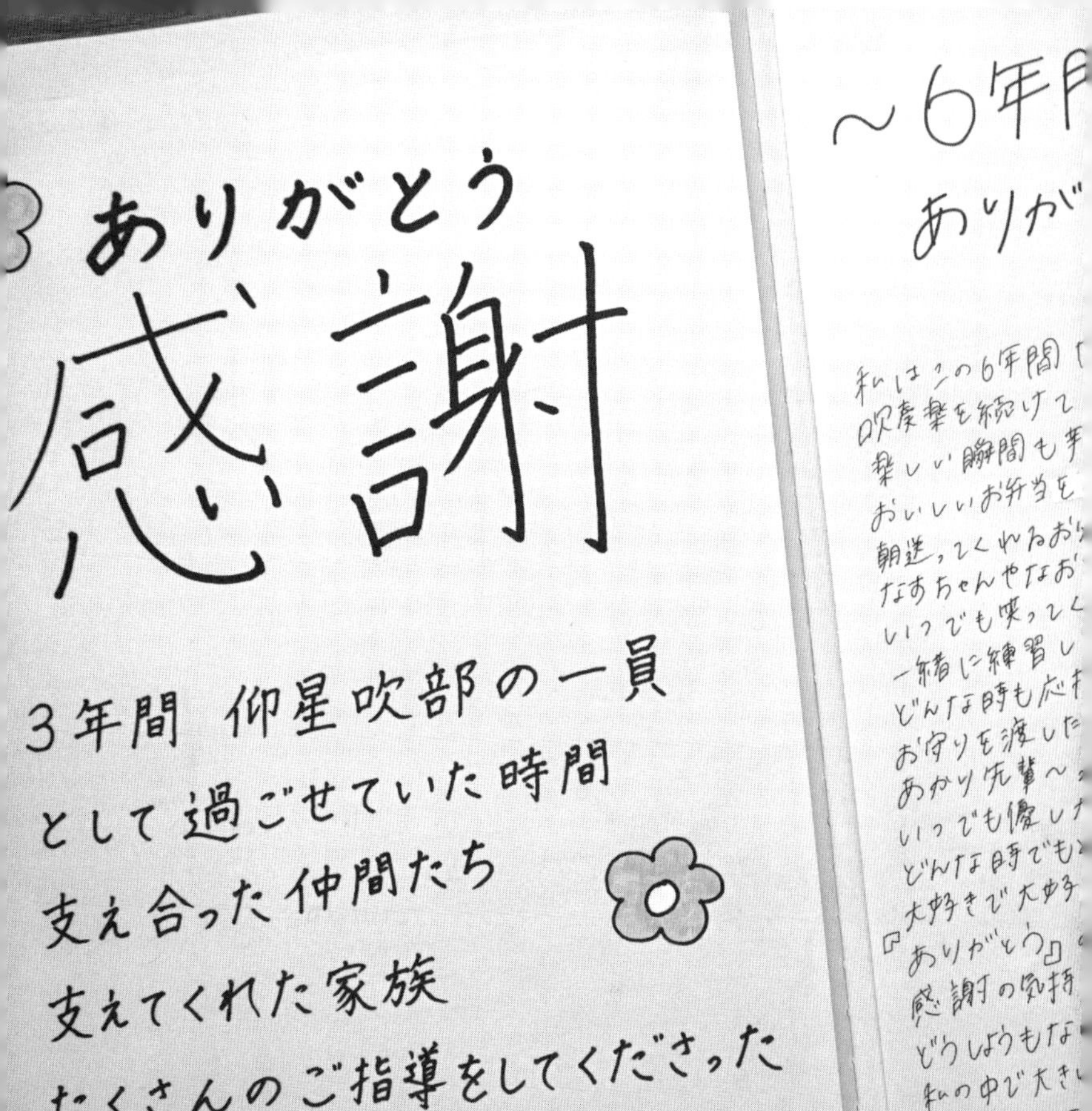
〜6年
ありがとう
感謝
3年間 仰星吹部の一員
として過ごせていた時間
支え合った仲間たち
支えてくれた家族
たくさんのご指導をしてくださった
先生方
応援してくださった方へ感謝
全国で感謝を伝える演奏を

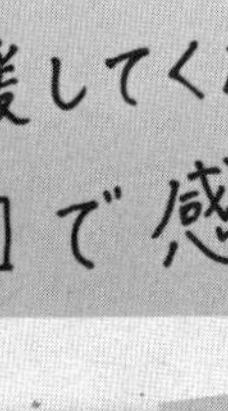

梅田唯花さん
（3年生・
ホルン）

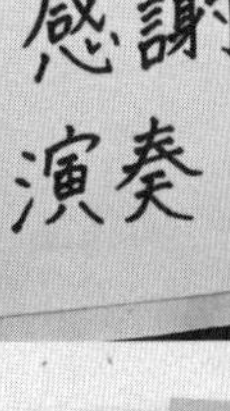

［部長］
徳永愛実さん
（3年生・
トロンボーン）

夢のステージに登場した初出場校

２０１９年10月20日、あれほど暑かった夏は過ぎ去り、澄み切った秋の空気の中で木の葉が色づき始めていた。

その日は全日本吹奏楽コンクール・高等学校の部の当日だった。「吹奏楽の聖地」である３５００人を収容する巨大なホール、名古屋国際会議場センチュリーホールには観客が詰めかけていた。次々と強豪校、有名校が登場しては熱量の高い演奏を繰り広げ、客席から拍手や「ブラボー！」の声が贈られた。

前後半に分かれて15校ずつが出場するこの大会。後半の部の10番目に登場した学校はひときわ観客の注目を集めた。関西代表の東海大学付属大阪仰星高校だ。

かつては淀川工科高校・天理高校・洛南高校が「関西の御三家」と呼ばれ、近年は淀川工科高校・明浄学院高校・大阪桐蔭高校が「御三家」になっていた。関西の高校にとっては高い壁だったが、２０１９年はついに東海大仰星がそれを乗り越え、初出場を果たした。

「いったいどんな学校なんだろう?」

観客が興味津々で見守る中、白いブレザーを身につけた55人の部員たちと顧問の藤本佳宏先生がステージに登場した。

部員たちは丁寧に距離を測って椅子の位置を決め、角度を直して腰を下ろしていった。藤本先生はステージ上を動き回り、部員たちの様子を確かめた。

と、会場にアナウンスが流れた。

「プログラム10番。関西代表、大阪府、東海大学付属大阪仰星高等学校吹奏楽部。課題曲3に続きまして、レスピーギ作曲《交響詩「ローマの祭」より》。指揮は藤本佳宏です」

だが、先生は客席に背中を向けたままだった。パーカッションのセッティングが終わっていないのだ。張り詰めた空気の中、時間が過ぎていった。

ようやくパーカッションの準備が終わり、先生が客席に向かってお辞儀をした。その顔には微笑みが浮かんでいた。部員たちにも硬さはなかった。

そこには、ただただ、憧れの全国大会に出場できる喜びがあった。

藤本先生も東海大仰星のOBであり、現役時代から全国大会で演奏することを夢見ていた。長い年月を経て、それがようやく叶うのだ。

「初出場はこの1回しかない。思い切りやろう！」

先生は心の中で部員たちにそう声をかけ、指揮台に上がった。

「部長ノート」とともに始まった最後の1年

2018年8月。この年も、東海大仰星のコンクールは関西大会金賞で終わった。2011年から関西大会では金賞をとり続けていたが、一度も全国大会への扉を開くことができなかった。コンクールが終わって3年生が引退し、9月から新体制がスタートした。

新部長に選ばれたのは、トロンボーン担当の「マナミン」こと徳永愛実だ。強いリーダーシップがあるわけではないが、明るく優しい性格で、藤本先生にも信頼されていた。

吹奏楽を始めた中学校は強豪ではなかったが、1年ごとに成績を上げていき、中3のコ

全国大会への
私たちの想い
「全国大会 金賞!!!」
私たちの決意
35,36,37th 2019.
行進曲「春」
交響詩ローマの祭り
1.チルチェンセス
主題祭

ンクールでは創部以来初めて関西大会に出場。銀賞を受賞した。「高校では全国大会に出たい」と思い、御三家への進学も考えた。東海大仰星はその時点で全国大会に出たことがなかったが、音楽や雰囲気が好きだった。

「仰星やったら、全国大会出場も不可能じゃない。大変やと思うけど、やりがいがあって私には合ってるかも」

　中学時代は、努力して関西大会まで這い上がった。今度は高校で全国大会初出場をめざそう――マナミンはそう考えて、東海大仰星に入ってきたのだった。

　しかし、部長になるのは予想外だった。不器用な自分が部長に向いているとは思えなかったし、幹部としてみんなをまとめるよりも楽器の練習に集中したいと思っていた。

　しかし、部員の投票を経て、先生と先輩たちが話し合いで自分を選出してくれた。

「選ばれたからには、やるしかない！　弱音を吐くのはやめや！」

マナミンは部長を引き受けた。そして、東海大仰星の過去の部長たちが書いていたのと同じように、自分も「部長ノート」を作った。スケジュールや思ったことを書き入れるためのノートだ。

自分たちの代にとって最後の1年がいよいよスタートする――マナミンはその日にこんなことを書き残している。

ついに始まった。プレッシャー、ドキドキ、ワクワク、色んな気持ちがある。
今日は初めて明日香先輩の部長ノートをみた。
なぜか泣きそうになった。感動？というか、自分にもできるかなっていう
あせり？というか。分からんけど、心に刻みこまれる感じ。
あらためて尊敬やなって思った！
でも、自分らしく、少しずつ、確実に自分は進もうって思う！

そして、部長ノートに目標を書き込んだ。ページの一番上には大きく「全国大会　金

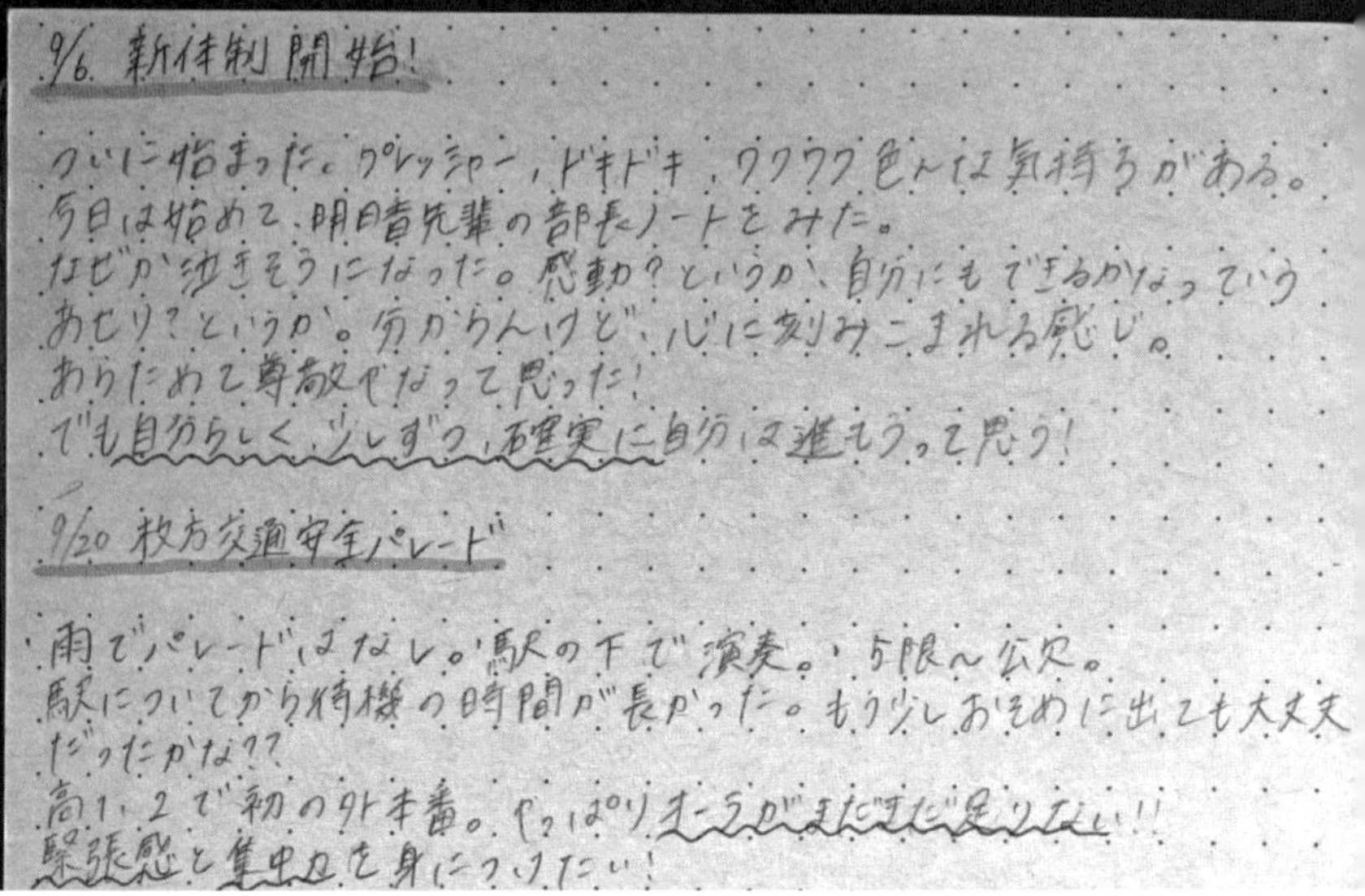
9/6 新体制開始!
ついに始まった。プレッシャー、ドキドキ、ワクワク色んな気持ちがある。
今日は始めて、明日香先輩の部長ノートをみた。
なぜか泣きそうになった。感動？というか、自分にもできるかなっていう
あせり？というか。分からんけど、心に刻みこまれる感じ。
あらためて尊敬やなって思った!
でも自分らしく、少しずつ、確実に自分は進もうって思う!
9/20 枚方交通安全パレード
雨でパレードはなし。駅の下で演奏。5限～公欠。
駅についてから待機の時間が長かった。もう少しおそめに出ても大丈夫
だったかな??
高1、2で初の外本番。やっぱりオーラがまだまだ足りない!!
緊張感と集中力を身につけたい!

賞!!!」、その下には個人目標として「皆でつくる1つの部活にする。信頼される人になる。」と書いた。

また、月ごとのスケジュールのページには、大きく太字でその月の目標を書いた。最初の月には「自分から良い雰囲気づくり!!」「1人1人と1回は会話する！　自分からあいさつ。」と記した。

まず最初は自分と部員たち、あるいは、部員同士のコミュニケーションを高めて雰囲気を良くしていこうとマナミンは思ったのだ。

部長になってみると、想像していた以上に忙しかった。やはり楽器を練習する時間がなかなか取れない。それに加えて部長ノートをつけるとなると、さらに大変だ。だが、文字で書いておくと読み返して反省したり、忘れていたことを思い出し

たりすることができる。だから、マナミンは大変でも書き続けた。

リーダーとしての苦労もあった。

3年生は当初56人もいて、その人数の多さからまとまりに欠けていた。何かを決めるときもなかなか結論が出ない。団結力もない。マナミンは自分の力不足を痛感した。

> 今月の反省
> 皆を1つにする力がほしい。

マナミンは部長ノートの4月のスケジュールの最後にそう書いている。

まだ4月——だが、もう4月とも言える。

東海大仰星は毎年5月のゴールデンウィークに定期演奏会を行なっている。それが終われば、いよいよコンクールシーズンが始まるのだ。

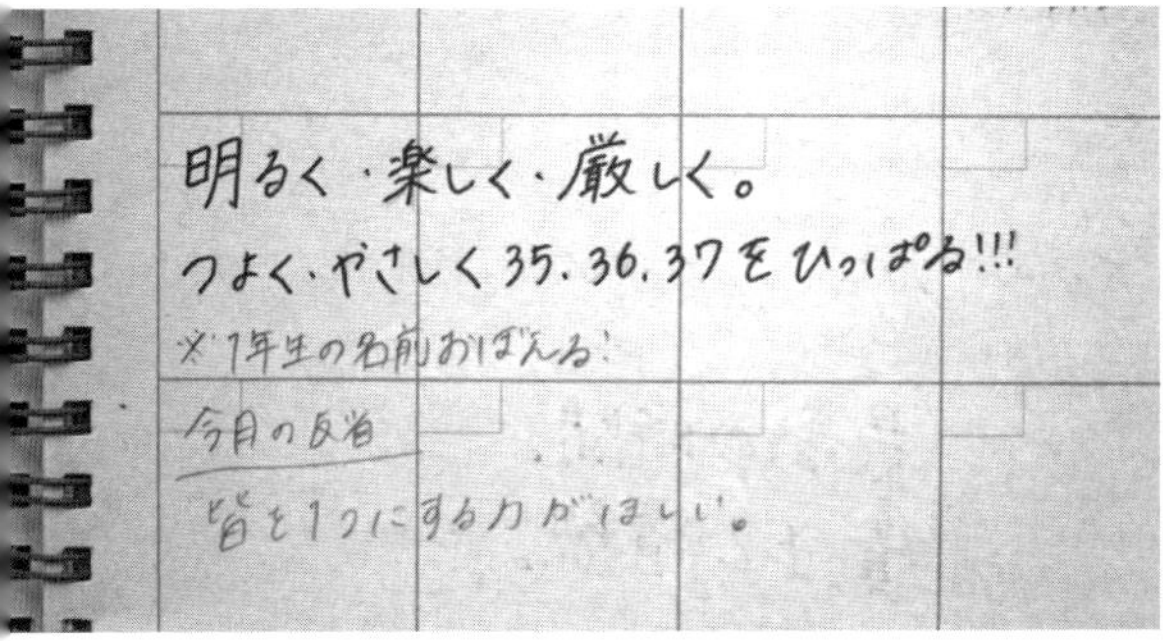
明るく・楽しく・厳しく。
つよく・やさしく35.36.37をひっぱる!!!
※1年生の名前おぼえる!
今月の反省
皆を1つにする力がほしい。

勉強も部活も諦めない特進コースの3年生

最後のコンクールを前にして大きなピンチに直面した3年生がいた。ホルンのパートリーダー、「ユイカ」こと梅田唯花だ。

ユイカは難関国公立大学や東海大学医学部を目指す「英数特進コース」に所属していた。英数特進コースは一般のコースに比べて授業が多く、宿題もたくさん出る。部活に参加できる時間も限られるが、ユイカはそんな中でも必死に両立してきた。

部活をやめようと思ったことは一度もない。意地でも最後まで続けようと思っていた。なぜなら、ユイカは英数特進コースではなく、吹奏楽部に入りたくてここに来たのだ。

高1のときはトゥッティだった。コンクールメンバーを選ぶオーディションでは、ホルンパート12人の中でなんと最下位だった。

東海大仰星の部員たちはみんな練習ノートやメモを持ち、自分自身の課題や先生から受けた指導内容などを書き込んでいる。

Donald Duck
IT'S NOT MY FAULT
NO ONE UNDERSTANDS ME!

ユイカもメモをつけているが、それ以外に中学時代から自分にとって大事な出来事があるたびに日記帳に書いてきた。高1のオーディションの後はこう書いている。

最下位でほんまに悔しい。完全な努力不足でした。(中略)英数特進やからって理由にしてたら、もう終わり。絶対みんなより練習量がめっちゃ短い分、1回1回の練習を大事にする。(中略)来年めっちゃ上手くなって先生びっくりさせる。絶対コンクールメンバーなる。(中略)こんな悔しくて泣いたのは初めて。このことは絶対良い経験にする10分も見てくださったから、無駄になんかするもんか。

それから1年、ユイカはまさしく人一倍の努力をした。少ない時間の中でできる限り無駄をなくし、集中し、勉強も練習も手を抜かなかった。そして、ホルンの技術をどんどん高めていった。

高校2年になったユイカは何がなんでもコンクールメンバーになりたいと思っていたが、ホルンパートのメンバーとのコミュニケーションも怠らなかった。独善的になったり、周囲を蹴落とすようなことをしたりしないのがユイカだった。
高2のオーディションの直前の日記にはこうある。

「報われない努力はない。努力は必ず報われる」
自分信じて突き進む
悔しさバネに絶対なる（中略）
しんどいのは自分だけじゃないよね。個人戦かもしれへんけど、仲間やし
大事やから、ただのライバルじゃない。
自分はHornパートが心の底から好きと思える。
メンバー、Tutti分かれても1つ。
家族やもん、大好きやもん

そして、オーディションの結果、ユイカはコンクールメンバーに選ばれた。まさに「努力が報われた」のである。
コンクールが関西大会金賞で終わると、3年生は引退し、ユイカたちの代にとっていよ

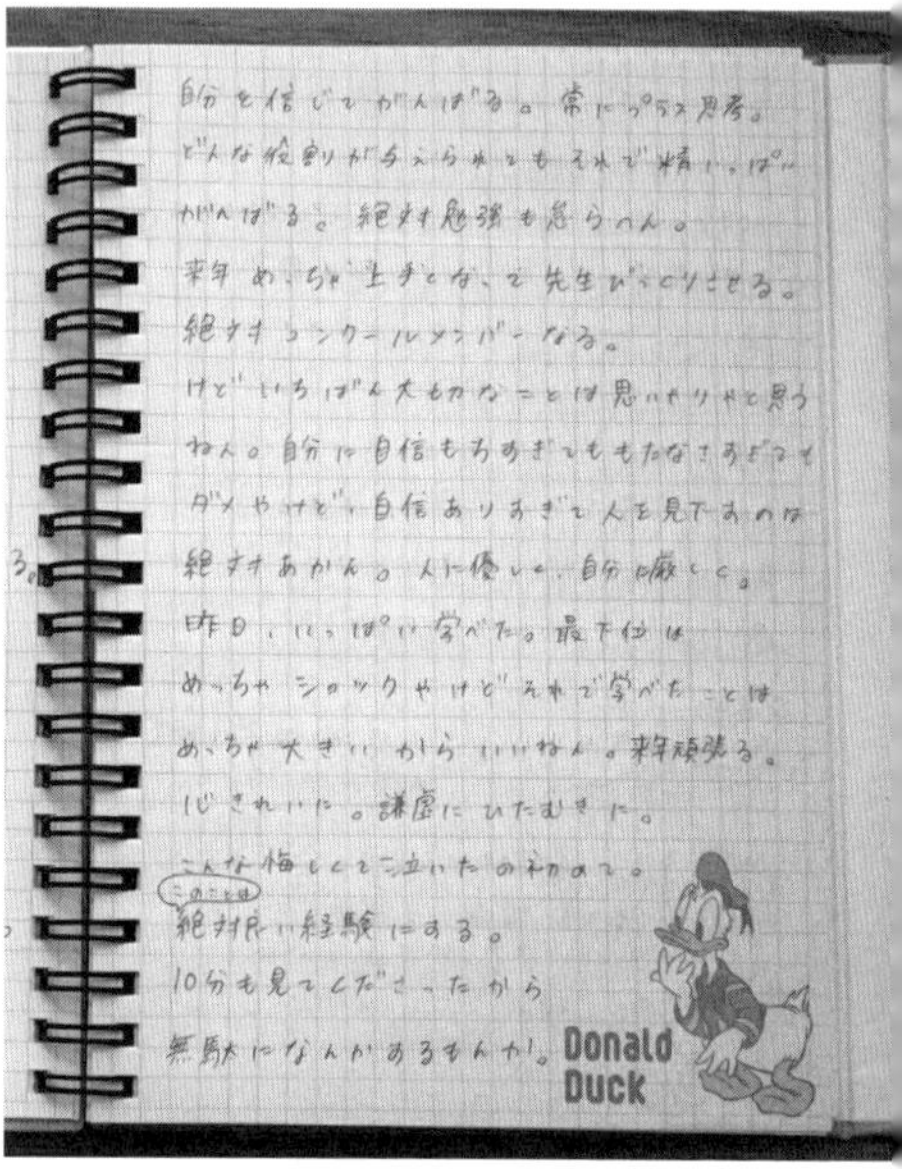

いよ最後の1年が始まった。そのとき、ユイカに試練が降りかかった。

東海大仰星が毎年行なっているクリスマスコンサートに向けて、難曲《華麗なる舞曲》を必死に練習していたところ、ユイカは唇を故障してしまった。それがきっかけになり、まともに楽器を鳴らせなくなってしまったのだ。

「なんでこんな吹けへんねんやろ……」

悩みながらも、練習を続けた。

高3になると英数特進コースの勉強はますます多忙になった。一方、部活ではホルンのパートリーダーという役割もあった。ユイカは毎朝4時に起きて勉強し、登校して朝練に参加し、授業を受け、放課後には部活をし、帰宅してすぐ寝る……という生活を続けた。

唇を故障して以来、ホルンは半年近く鳴らなかった。

このころの苦しさをユイカは日記に書いている。

全然ならんくて、もう頑張ったところでしょうがないんやろうなって
半分思ってた。それでも、とりあえずは休まずに朝練行って、
行ける日は午後も練習頑張って、吹けなくて泣いて、のくり返しやった（中略）
しんどすぎてクラブも行きたくないし、ホルンの人と話したくないし、
楽しいこと何にもなくて、やめたくもなった。

つらい状況は変わらないまま、5月の定期演奏会をどうにか終えた。英数特進コースの3年生は受験勉強に専念するために部活をやめ、ユイカだけが残った。部活も勉強も厳しくなっていくことはわかっていたが、どちらもやり抜こうという決意は変わらなかった。ただ、問題はホルンが鳴らないことだった。コンクールメンバーのオーディションは間近に迫ってくる。このままではメンバー落ちのピンチだ。

救いの手を差し伸べてくれたのは、藤本先生だった。ユイカの状態を見て、ホルンの講師に個人レッスンを受けさせてくれたのだ。ユイカは講師が教えてくれたようにアンブ

シュア（楽器を吹くときの口の形や使い方）を変えてみた。すると、あんなに鳴らなかったホルンが、嘘のようにきれいに鳴るようになった。
復活したユイカはオーディションに合格。メンバーとして最後のコンクールを迎えることになったのだ。

ずっと辛かったけど、努力は報われるってほんまやなって思えた。だから、これからコンクールに向けて、絶対諦めないで個人もパート練習も妥協せずに頑張ろうって思ってる。（中略）
絶対全国行きたいし、頑張らなかったら絶対後悔する。
これがLastチャンス。
「全国大会初出場＋全国金賞とる!!」

「努力は報われる」という言葉を、ユイカは再び自分自身の力で証明した。次の目標は御三家の高い壁を越え、「吹奏楽の甲子園」に出場することだった。

55人の心をつないだノート「私たちの決意」

コンクールメンバーも決まると、ようやく部員たちにまとまりが出てきた。定期演奏会後も部に残った3年生38人のうち、10人はトゥッティになってしまった。

「やめた子たち、トゥッティになった子たちの分も背負って頑張ろ！」

部長のマナミンはそう思った。本気で関西代表を取りにいくつもりだったが、それには何かが足りないと思った。もっとみんなの考えが知りたい。けれど、特に3年生は自分の意見を口に出すのが苦手な人が多かった。

すると、藤本先生が「みんなで紙に書いてみたらどうや？」と提案した。

そこで、55人のメンバーそれぞれに紙に決意を書いてもらい、1冊のノートに貼り付けていった。ノートの表紙には「私たちの決意」というタイトルをつけた。他に、コンクールで演奏する課題曲《行進曲「春」》と、オットリーノ・レスピーギ作曲の自由曲《交響詩「ローマの祭」より》の曲名も書いた。

マナミンは自身の「決意」として、10個の課題を挙げた後、さらに文章を書いた。

自分のつらさも仲間のつらさも共有し、全てをポジティブ精神に変え、
楽しむことを忘れずに、笑顔で最後まで皆の先頭を強い心で走りぬきます。

ちょうど隣のページにはユイカの「決意」があった。ユイカは自分の日記にも書いた「全国金賞」を大きく掲げて、「後悔しない1日1日を過ごす」「どんなことも妥協しない」といったユイカらしい課題を書いていた。

他のメンバーも「悔いのない夏!!!」「限界突破」など、それぞれに「決意」の言葉を記していた。もっとも多く書かれた言葉は「全国大会金賞」だった。

また、3年生でアルトサックス担当の奈須睦《なすむつみ》はこんなことを書いていた。

私は今までたくさんの人に助けてもらえて頑張ってこれました。
キラキラJKライフより激アツ吹奏楽ライフを3年前に決めた決断を今でも

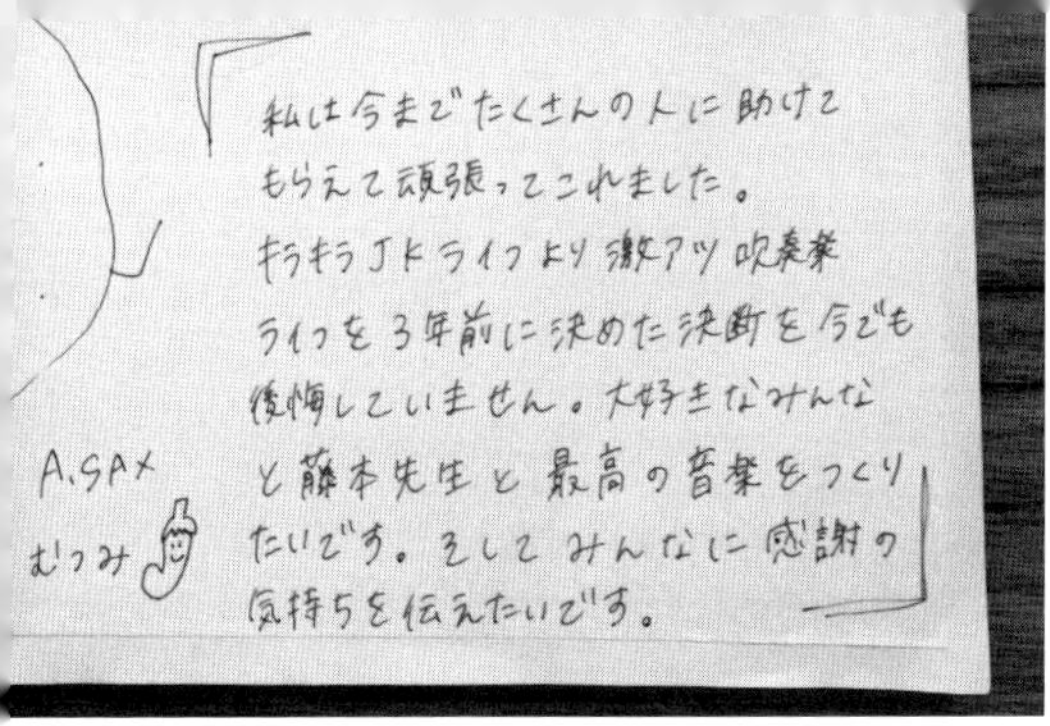
私は今までたくさんの人に助けてもらえて頑張ってこれました。
キラキラJKライフより激アツ吹奏楽ライフを3年前に決めた決断を今でも後悔していません。大好きなみんなと藤本先生と最高の音楽をつくりたいです。そしてみんなに感謝の気持ちを伝えたいです。
A.SAX
むつみ

後悔していません。大好きなみんなと藤本先生と最高の音楽をつくりたいです。

マナミンは55人分の「決意」を読んで、思った。
「みんな、こんなにもいろんなことを考えてたんやな。今までみんなの考え、みんなの思いが共有できてへんかった。これからはもっともっとみんなの思いを引き出していこ！」

また、みんなも「決意」を読み合うことによって、普段の部活ではお互いに口に出していない思いに気づき、理解し合うことができた。このノートを作ったことは大成功だった。

地区大会をシードされた東海大仰星は、8月10日に行われた大阪府大会を突破。大阪府代表の1校として、8月24日の関西大会に出場することが決まった。

その間、メンバーが高いモチベーションを維持し続けることができた

のは「私たちの決意」のおかげだとマナミンは思った。

問題は、関西大会だ。

これまで先輩たちがどれほど努力を重ねても、跳ね返され続けてきた高い壁が、そこにそびえ立っていた。メンバーは「今年こそ絶対に全国に行く！」と士気が高かったが、本番直前になって心が折れかけたのは、ずっとみんなを引っ張ってきたマナミンだった。

自由曲《ローマの祭》は、タイトルのとおり古くからローマで行われてきた祭りを描いたダイナミックな曲だ。途中、祭りの前夜祭で酔っぱらっている人物の描写をトロンボーンがソロで奏でる箇所がある。担当するのはマナミンだった。

関西大会が近づくにつれて、プレッシャーからかマナミンは調子を落とした。特に、ソロの部分でミスが続いた。

「もしかしたら、私のせいでコンクールが終わってしまう

かも……」

部長としての責任、プレイヤーとしての不安がのしかかり、マナミンは今にも泣き出しそうになった。そんなとき、他のメンバーが声をかけてくれた。

「マナミンならできるって！」

「マナミンのこと、全国に連れてくから大丈夫やで！」

自分がみんなの先頭を切って走っていると思っていたら、いつしかみんなに引っ張られていた。なんて心強いことだろう。

「部長の自分がメソメソしてたらあかんな！」

マナミンは気持ちを切り替え、以前よりも熱く練習に没頭した。

関西大会で終わりじゃない！

8月24日、運命の関西大会当日。

東海大学付属大阪仰星高校吹奏楽部は、兵庫県尼崎市にあるあましんアルカイックホールへやってきた。

この日、「私たちの決意」ノートの最後に新たな書き込みが増えていた。それは、顧問の藤本佳宏先生が書いた言葉だった。

ローマの祭りをする覚悟
ローマの祭りができる幸せ
ローマの祭りをする喜び
みんな本当にありがとう！

2019.8.24 藤本佳宏

それを読んだメンバーは、まるで今日でコンクールが終わるみたいだと感じた。

「まだ終わりじゃないですよね⁉」

2年生でトランペットのトップを務める北尾郁登《いくと》が声を上げた。

「じゃあ、書きます」

郁登は先生の言葉の後にこう付け加えた。


終わりじゃないですよ。

2019.8.24 仰星吹部一同

その言葉を書いたことで55人――いや、56人の気持ちが一つになった。

出番は14番。心地よい緊張感とともにステージに上がった。

藤本先生の指揮で課題曲と自由曲を演奏しながら、マナミンは思った。

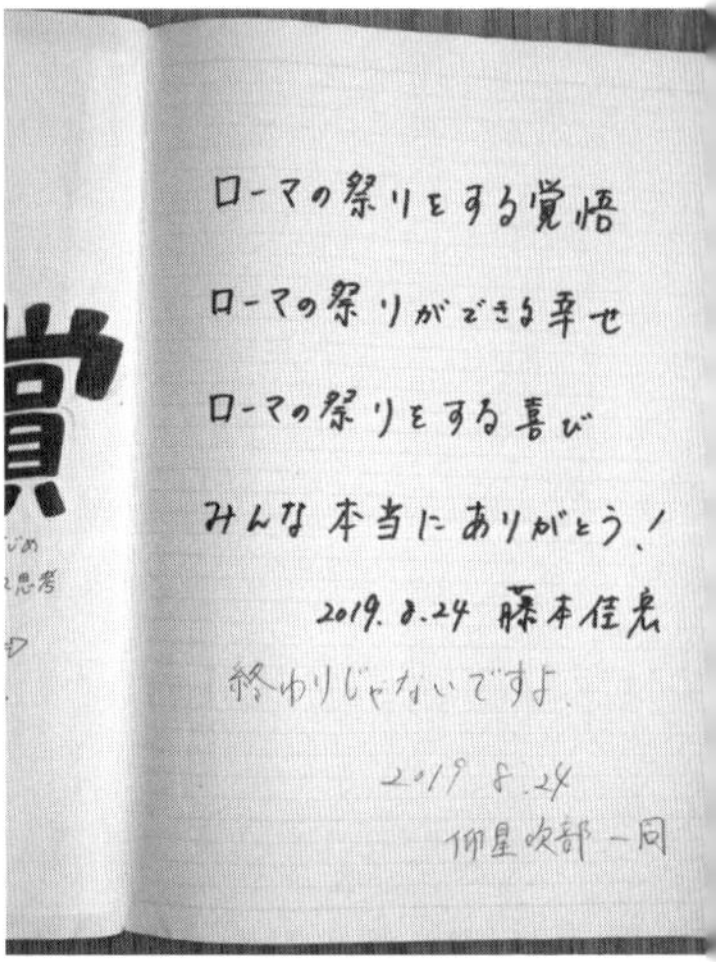

「なんて楽しいんやろ！」

練習どおり、いや、それ以上の音楽ができていた。東海大仰星のスケールの大きい《ローマの祭》がホールに響き渡り、聴く者を圧倒した。

「ここで終わる気がせん！　絶対10月までローマ吹いてるわ！」

ユイカはホルンを吹き鳴らしながら、自信満々でそう思った。

すべてがうまく行き、深い達成感とともに東海大仰星の12分間が終わった。

みんなは満足げな表情だった。ただ、マナミンだけが心の奥で不安を抱いていた。

「すべてを出し切れた。せやけど、去年も同じ感覚だったのに、全国には行けんかったし……」

全出場校の演奏が終わり、表彰式となった。マナミンは副部長とともにステージ上に出た。心細くて、客席に目を向けた。仲間たちの姿を見つけると、ずっとそちらを見つめ続けていた。

審査の結果、東海大仰星は金賞を受賞した。問題はその後——関西代表3校の発表だ。

「プログラム3番、明浄学院高等学校!」

まず1校目に、御三家の一つである明浄学院が呼ばれた。

その瞬間、マナミンは思った。

「やっぱり、今年も無理かも……」

改めて、関西の壁は恐ろしく高いことを思い知った。去年もそうだった。頑張っても、頑張っても、叶えられないこともある。諦めの気持ちが心ににじんできた。

2校目の発表まで、少し間が空いた。実際は10秒にも満たない時間だったかもしれないが、マナミンには気が遠くなるほど長い時間に感じられた。

「プログラム……14番! 東海大学付属大阪仰星高等学校!」

ホールに絶叫がこだました。マナミンは見た。みんなが抱き合って喜んでいる! ユイカたちが泣いている! 藤本先生が立ち上がってガッツポーズをしている!

「夢やない! ついに、やったんや……ほんまに、うちら、代表に選ばれたんや!」

マナミンは幸福感に包まれながら、喜びに沸く仲間たちの姿を眺めた。今まで生きてきた中でこんなに嬉しかったことはない。きっとこの風景を一生忘れないだろうと思った。

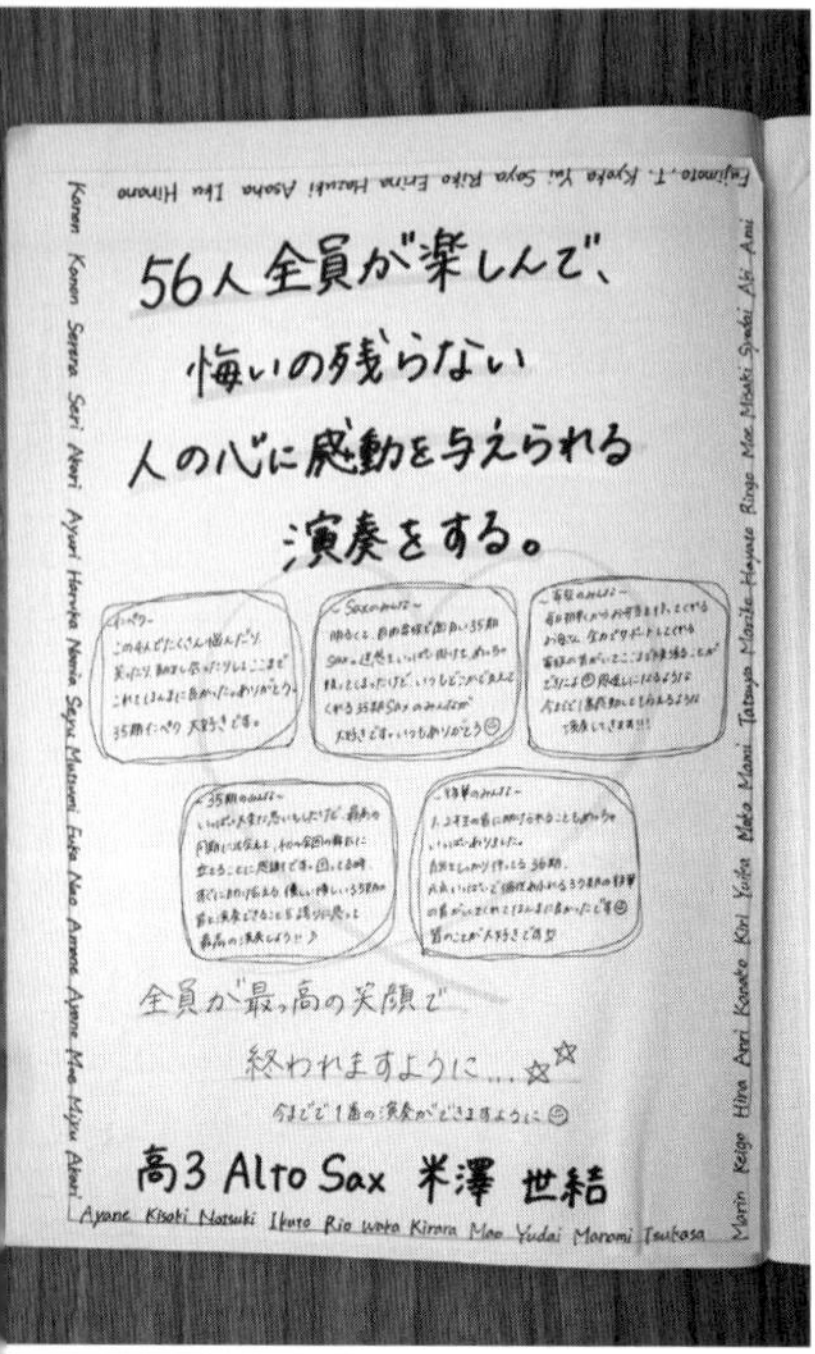
56人全員が楽しんで、
悔いの残らない
人の心に感動を与えられる
演奏をする。
全員が最っ高の笑顔で
終われますように…☆☆
今までで1番の演奏ができますように☺
高3 Alto Sax 米澤 世結
Ayane Kisaki Natsuki Ikuto Rio wato Kirara Mao Yudai Moromi Tsukasa

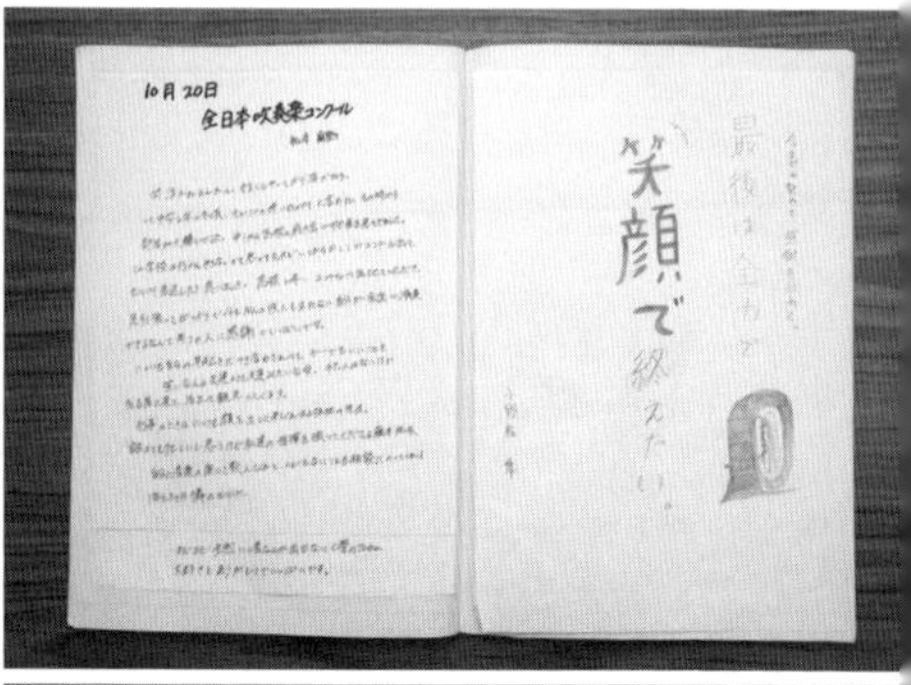
10月20日
全日本吹奏楽コンクール
最後は全力で
笑顔で終えたい。

胸を張って
仰星サウンドを
響かせる!!
後藤
全力出して突き進め!!!

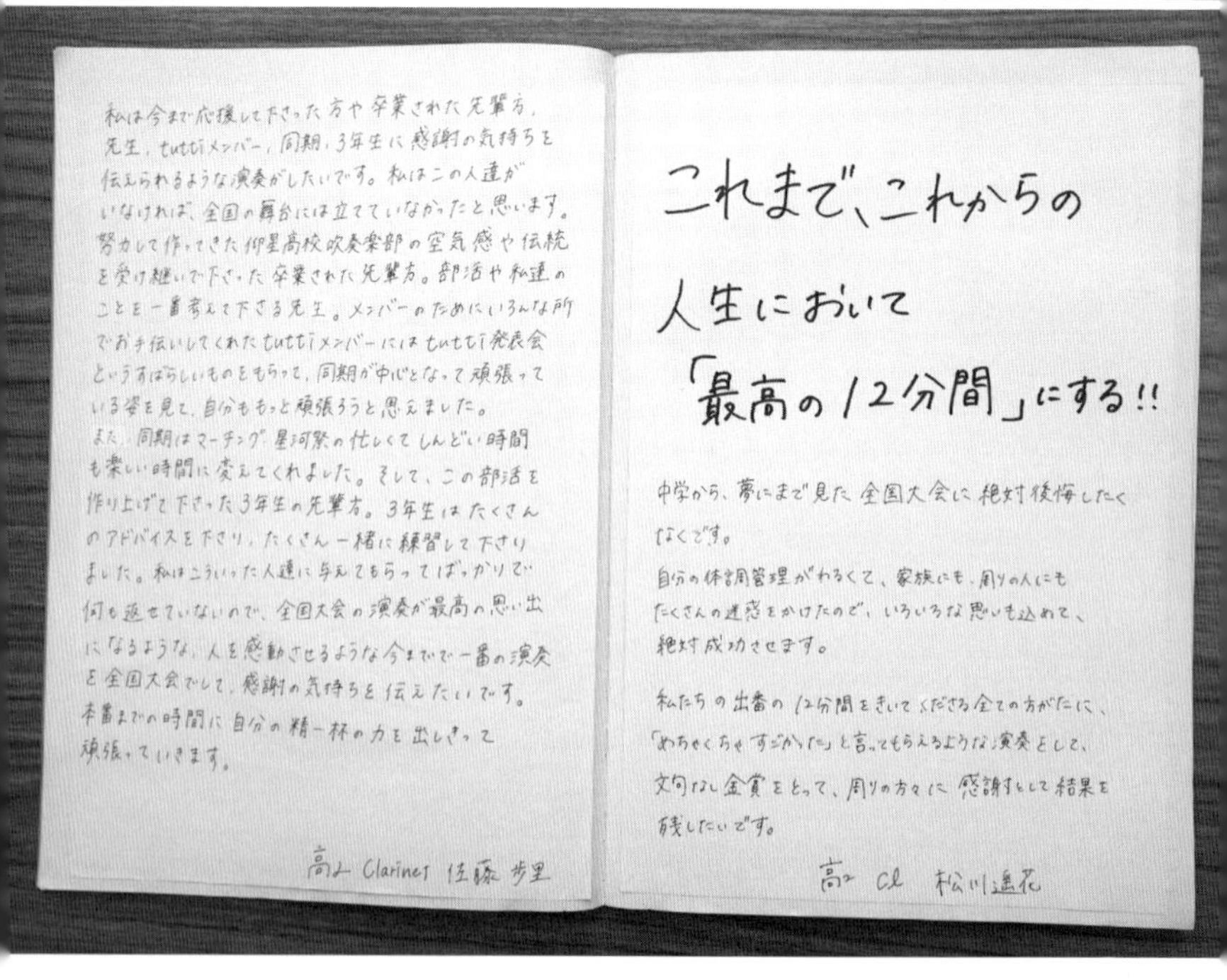
私は今まで応援して下さった方や卒業された先輩方、
先生、tuttiメンバー、同期、3年生に感謝の気持ちを
伝えられるような演奏がしたいです。私はこの人達が
いなければ、全国の舞台には立てていなかったと思います。
努力して作ってきた仰星高校吹奏楽部の空気感や伝統
を受け継いで下さった卒業された先輩方。部活や私達の
ことを一番考えて下さる先生。メンバーのためにいろんな所
でお手伝いしてくれたtuttiメンバーにはtutti発表会
というすばらしいものをもらって、同期が中心となって頑張って
いる姿を見て、自分ももっと頑張ろうと思えました。
また、同期はマーチング、星河祭の忙しくてしんどい時間
も楽しい時間に変えてくれました。そして、この部活を
作り上げて下さった3年生の先輩方。3年生はたくさん
のアドバイスを下さり、たくさん一緒に練習して下さり
ました。私はこういった人達に与えてもらってばっかりで
何も返せていないので、全国大会の演奏が最高の思い出
になるような、人を感動させるような今までで一番の演奏
を全国大会でして、感謝の気持ちを伝えたいです。
本番までの時間に自分の精一杯の力を出しきって
頑張っていきます。
高2 Clarinet 佐藤 歩里
これまで、これからの
人生において
「最高の12分間」にする!!
中学から、夢にまで見た全国大会に絶対後悔したく
なくてです。
自分の体調管理がわるくて、家族にも、周りの人にも
たくさんの迷惑をかけたので、いろいろな思いも込めて、
絶対成功させます。
私たちの出番の12分間をきいてくださる全ての方がたに、
「めちゃくちゃすごかった」と言ってもらえるような演奏をして、
文句なし金賞をとって、周りの方々に感謝をして結果を
残したいです。
高2 Cl 松川遥花

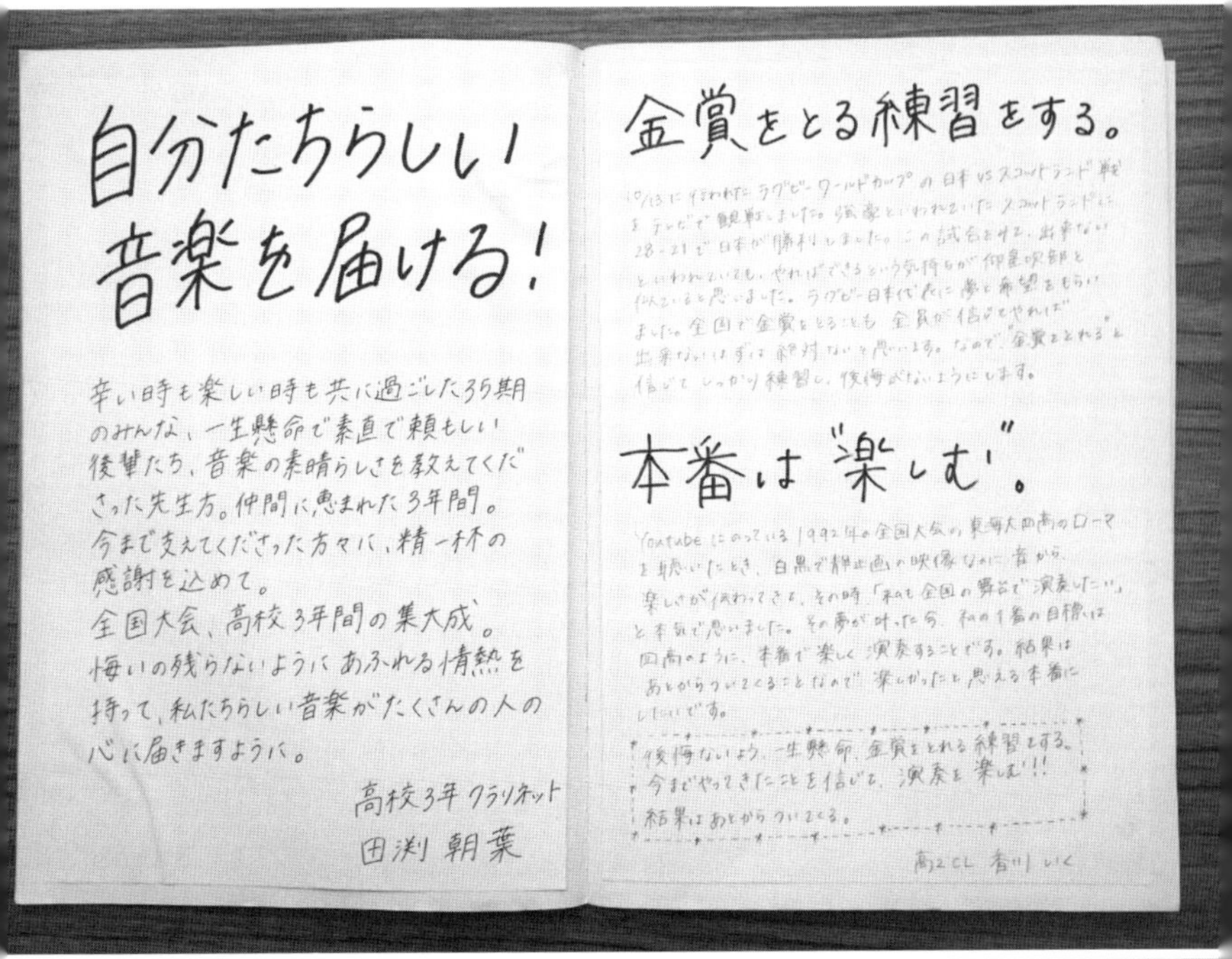
自分たちらしい
音楽を届ける!

辛い時も楽しい時も共に過ごした35期のみんな、一生懸命で素直で頼もしい後輩たち、音楽の素晴らしさを教えてくださった先生方。仲間に恵まれた3年間。今まで支えてくださった方々に、精一杯の感謝を込めて。

全国大会、高校3年間の集大成。

悔いの残らないようにあふれる情熱を持って、私たちらしい音楽がたくさんの人の心に届きますように。

高校3年 クラリネット
田渕 朝葉
金賞をとる練習をする。

10/13に行われたラグビーワールドカップの日本vsスコットランド戦をテレビで観戦しました。強豪といわれていたスコットランドに28-21で日本が勝利しました。この試合を見て、出来ないといわれていても、やればできるという気持ちが仰星吹部と似ていると思いました。ラグビー日本代表に夢と希望をもらいました。全国で金賞をとることも全員が信じてやれば出来ないはずは絶対ないと思います。なので"金賞をとれる"と信じてしっかり練習し、後悔がないようにします。

本番は"楽しむ"。

YouTubeにのっている1992年の全国大会の東海大四高のローマを聴いたとき、白黒で静止画の映像なのに音から楽しさが伝わってきた。その時「私も全国の舞台で演奏したい」と本気で思いました。その夢が叶った今、私の1番の目標は四高のように、本番で楽しく演奏することです。結果はあとからついてくることなので"楽しかった"と思える本番にしたいです。

後悔ないよう、一生懸命、金賞をとれる練習をする。

今までやってきたことを信じて、演奏を楽しむ!!

結果はあとからついてくる。

高2 CL 香川いく

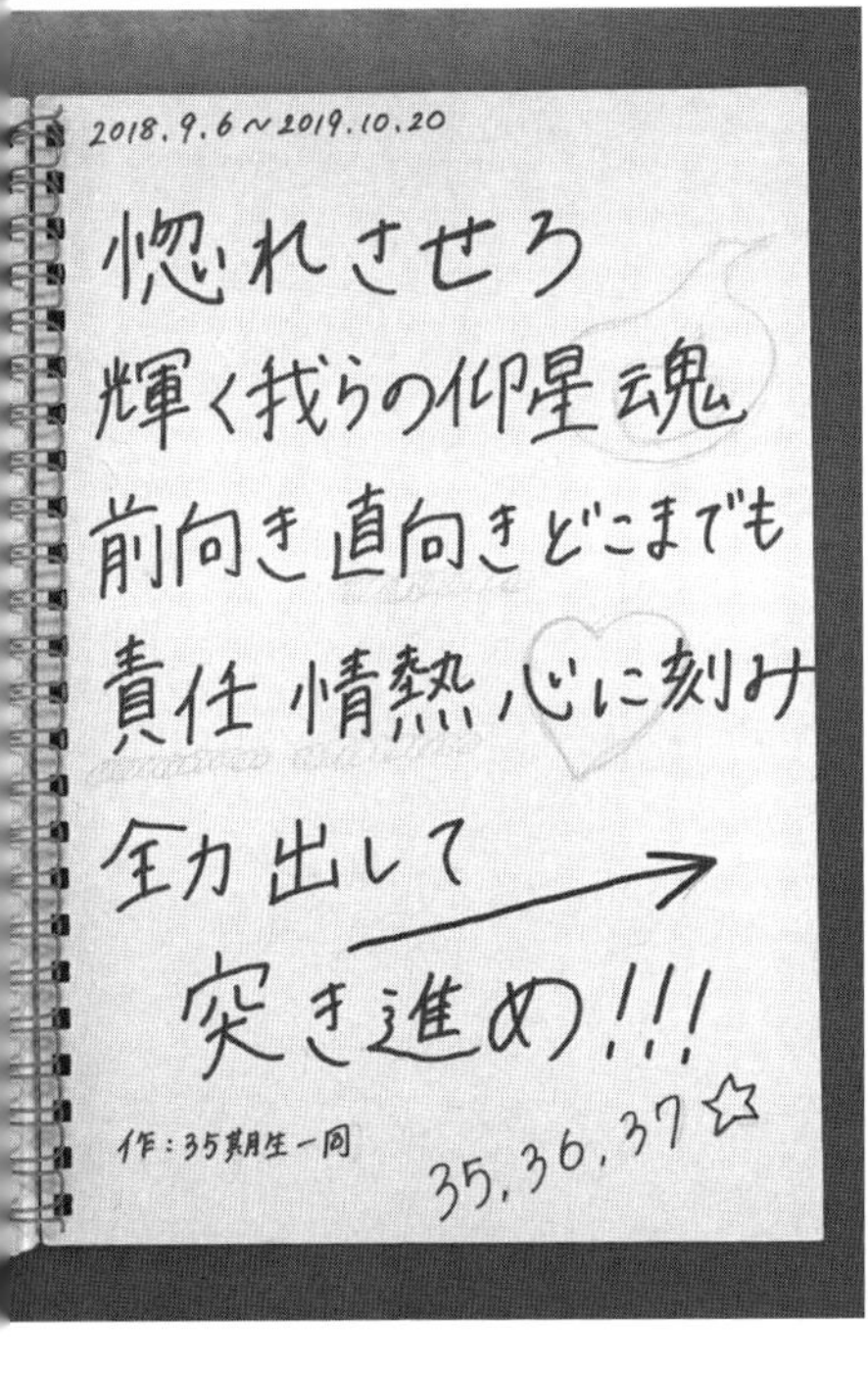
2018.9.6～2019.10.20
惚れさせろ
輝く我らの仰星魂
前向き直向きどこまでも
責任 情熱 心に刻み
全力出して
突き進め!!!
作:35期生一同
35,36,37☆

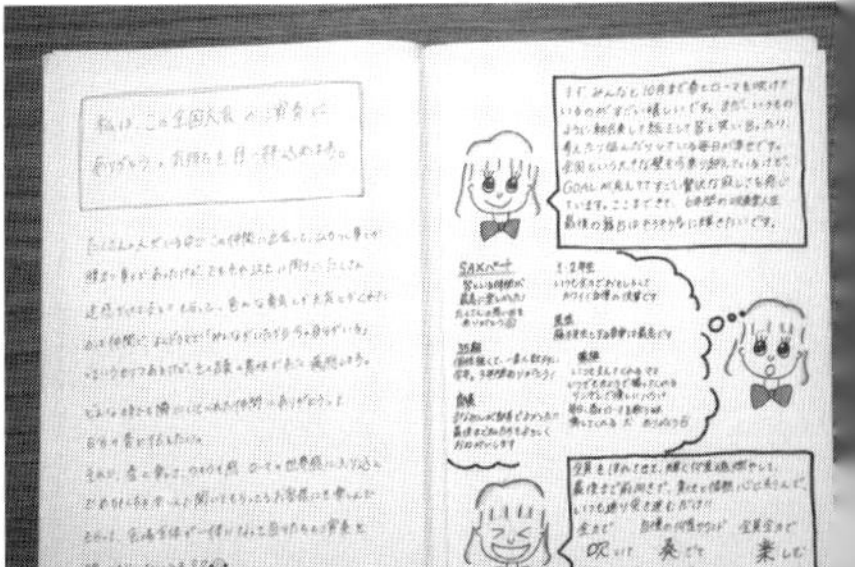

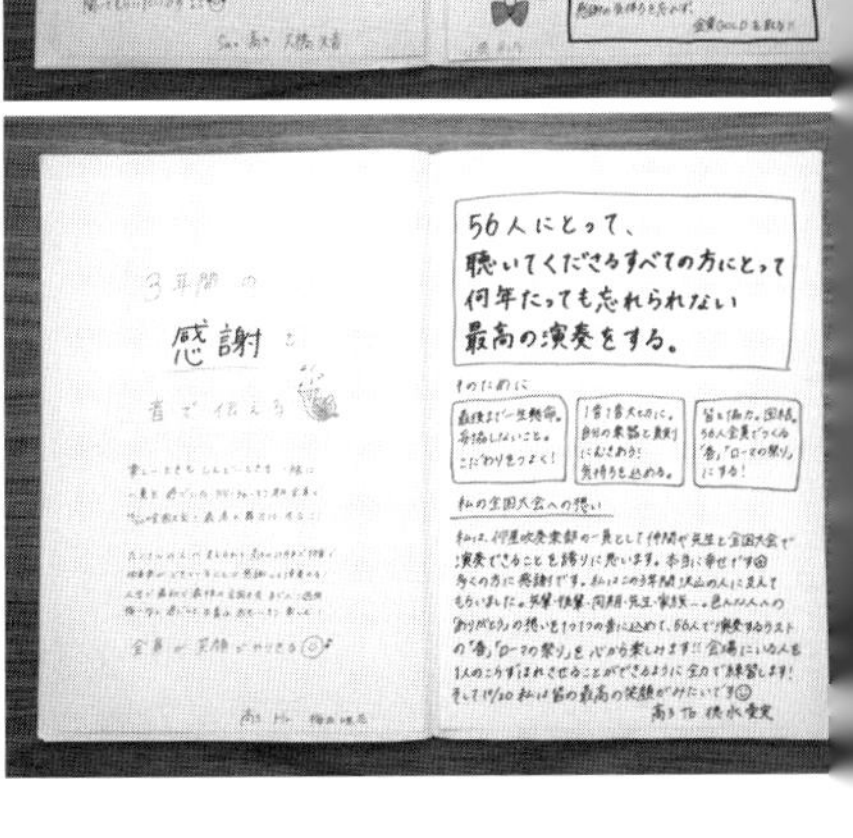
3年間の
感謝を
音で伝える
56人にとって、
聴いてくださるすべての方にとって
何年たっても忘れられない
最高の演奏をする。

「全国大会への私たちの想い」と先生のノート

ついに関西の壁を乗り越えた東海大仰星だったが、そこから先はまったく未知の領域だった。10月20日に名古屋で開催される全日本吹奏楽コンクールまでの2カ月という時間をどう過ごせばいいのか、顧問の藤本先生にもわからなかった。

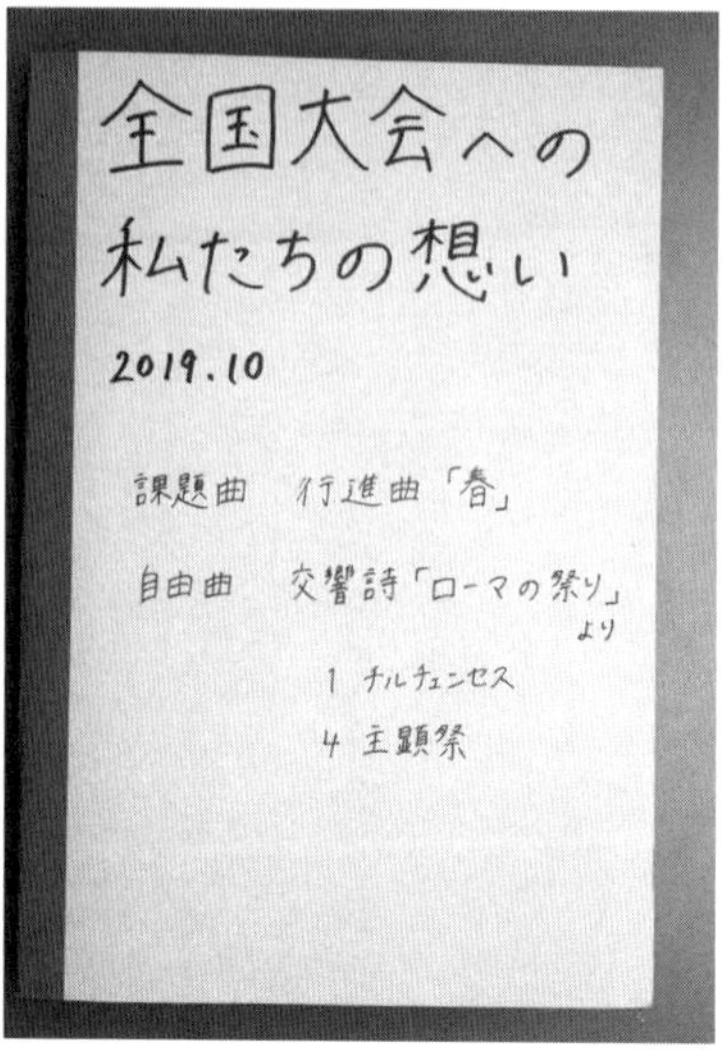

ともかく、日々を無駄にしないようにマナミンが予定を立て、みんなに配った。

しかし、大きな目標を達成して緊張の糸が緩んだのか、夏休みが終わって生活時間が変わったからか、あれほど結束していたコンクールメンバーのまとまりが失われつつあった。

全国大会が行われる10月になり、藤本先生に提案された。

「もう1回、全員の気持ちをノートに書いてみたらどうや?」

そこで、再びみんなに書いたものを持ち寄ってもらい、ノートを作った。今度は「全国大会への私たちの想い」と名付けた。

55人のメンバーは「自分たちらしい音楽を届ける!」「これまで、これからの人生において「最高の12分間」にする!!」など、それぞれに全国大会への「想い」を綴った。

マナミンはというと、ページの一番上に大きくこう書いた。

56人にとって、
聴いてくださるすべての方にとって
何年たっても忘れられない
最高の演奏をする。

そして、最後はこんな言葉で締めた。

10/20 私は皆の最高の笑顔がみたいです

関西大会に見たみんなの笑顔——全国大会ではそれ以上の笑顔が見られるように。そのために最高の練習をしよう。そして、3年間の青春を締めくくる最後の演奏を、最高のものにしよう。

「全国大会への私たちの想い」を作ることにより、初めての全国大会に向けて東海大仰星はまた強く結束していった。

実は、顧問の藤本先生も毎年ノートを作っていた。指導する上で自分の考えを整理する目的で、毎年2冊ペースで書いている。内容は、朝練の時間の基礎合奏で何をやったのか、気になることは何か、といったことがメインで、特に大切だと感じたことは目立つように欄外に記す。ところどころ、一人でブレインストーミングを

して、付箋でアイデアを貼り付けたページもある。
そして、部員たちが「全国大会への私たちの想い」を書いたのと同じころ、先生も自分自身で考えを深めていた。

心配事
力が発揮できるか。全て出せるか。

先生にとっても初めての全国大会。関西大会と同じか、それ以上に熱い演奏をするためにはどうしたらいいのかを先生は考えた。

「コンクール的に金賞を取ること」を目的にしてはやり切れない
後悔する気がする。（1年目だから？）

じゃあ 10／20の名古屋に何を求めているのか？

先生は自問自答した。長い時間をかけて2つの曲を練習してきた。最後の本番に、生徒たちの持っている力をすべて発揮させてあげたい。そのために、自分は何をするべきなのかをノートの上で追求し、答えに行き着いた。

・曲に飽きたのか？　ちがう。もっと光らせることができる。
↓じゃあ、もっと読み込め。もっと勉強しろ。もっと練習しろ。

やはり、一番基本的でシンプルなことに立ち返ることが一番大切なのだ。先生はその答えを胸に、55人のメンバーの前に立ち、指揮を振った。

《ローマの祭》に「吹奏楽の甲子園」が沸騰

いよいよ夢にまで見た「吹奏楽の甲子園」、全日本吹奏楽コンクールの当日がやってきた。

一般的に、高校の部の出場校は本番数日前から名古屋近辺に宿泊し、ホールを借りて最後の練習を行う。なかなか音楽室では体感できない広いホールの響かせ方や音の飛ばし方を身につけつつ、現地で体調を整え、万全の状態でセンチュリーホールでの本番に備えるのである。

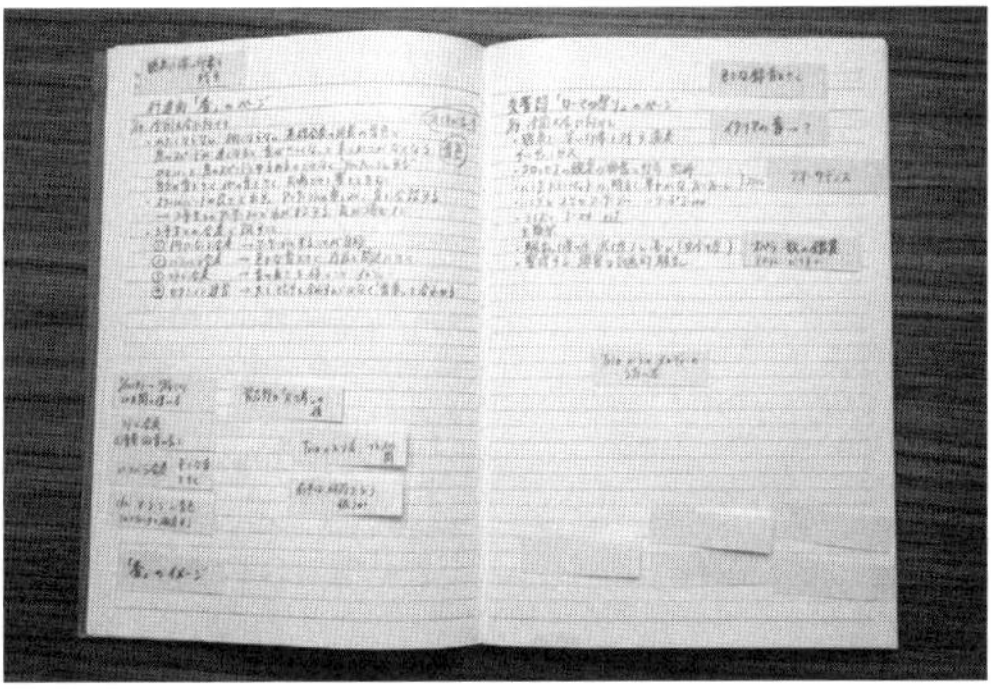

ところが、東海大仰星は違った。

なんと前日にオープンスクールがあり、たくさんの中学生の訪問を受けていた。夕方からはいつも練習に使っている講堂で保護者やOB・OGなどに向けての「全国大会出場報告演奏」を行い、その後に合奏練習をし、ようやくバスで学校を出たのは夜だった。

しかも、全国大会当日は出番が午後5時過ぎのため、昼過ぎまでは練習時間にできたのだが、名古屋近辺のホールがどこも空きがなく、ホール練習ができなかった。東海大仰星は名古屋市内の中学校の音楽室を借りて練習をした。もちろん、ホールのような広さも響きもない。

しかし、藤本先生はまったく心配していなかった。

「ここまで来たら、どこで練習しても良い演奏ができる！」
　そう確信していた。
　来年以降、全国大会に出続けられるかどうかはわからないが、初出場は1度しかない。思い切りやってやろうと思っていた。
　出演順は後半の部の10番。前後には、東海大学付属札幌高校や習志野高校、磐城高校といった全国大会で何度も金賞を受賞している強豪校がいる。普通なら強烈なプレッシャーを感じるところだが、藤本先生は「今のうちの力がどこまで通用するか試すには、これ以

上の並びはない！」と思った。

中学校での練習を終え、バスに乗って会場へ向かった。やがて、車窓に名古屋国際会議場の巨大な白い建造物が見えてきた。

「やっとここまで来られたな！」

マナミンは感慨深く窓の外に目を向けた。

バスを降り、会場に入った。中庭には名古屋国際会議場の象徴である真っ白な騎馬像が鎮座していた。映像や写真でしか見たことがなかったが、思っていたよりもずっと巨大で、「めっちゃ大きいな！」とみんな驚いていた。

全国大会ならではの高揚感が漂う中、メンバーは広いイベントホールへ案内された。そこで楽器を準備し、音出しをするのだ。周囲には日本中から集まってきた強豪校がいて、強烈な音がばんばん聞こえてきたが、それで萎縮している者はいなかった。

続いて、チューニングルームに案内され、最後の練習をした。マナミンは自分のトロンボーンの音、みんなの楽器から響く音を聴き、「よし、いける！」と思った。

チューニングルームを出ると、薄暗くて少し肌寒い舞台裏に案内された。反響板の向こう側は、もう全国大会のステージだ。出演順が1つ前の名門・習志野高校が演奏する《バレエ組曲「火の鳥」より》が聞こえてくる。

「みんな、習志野の音にびびってへんやろか?」

マナミンは少し心配した。しかし、メンバーはそれぞれ「頑張ろな!」などと言い合って、気持ちを高めていた。マナミンはホッとした。

習志野の演奏が終わり、舞台袖の反響板の一部が開いた。まさにそれは、東海大学付属大阪仰星高校の前に開かれた「全国大会の扉」だった。

マナミンたちは胸を張ってステージへ出ていった。こだわりのセッティングをし、それぞれの席につく。マナミンはひな壇の上から客席を見回した。確かに、センチュリーホールは大きい。けれど、メンバーはこのホールの写真を先生からもらっており、いつもそれを見ながら練習してきたため、見慣れている風景でもあった。

「これが全国の舞台か。想像していたとおりやな！」

マナミンは落ち着いて他のメンバーのセッティングを待つことができた。

藤本先生はメンバーのほうを向き、ニコニコと笑みを浮かべていた。思わずマナミンが「先生、笑いすぎ！」とツッコミを入れたくなるほどだったが、おかげで雰囲気が和らいだ。打楽器のセッティングに少し手間取ったものの、それで浮き足立つこともなかった。

と、頭上からまばゆい光が降り注いできた。

「プログラム10番。関西代表、大阪府、東海大学付属大阪仰星高等学校吹奏楽部。課題曲3に続きまして、レスピーギ作曲《交響詩「ローマの祭」より》。指揮は藤本佳宏です」

先生は客席に向かってお辞儀をした。そして、指揮台に上がる。一瞬集中してから、腕を振り始めた。

課題曲《行進曲「春」》の1音目がホールに響く。それは、東海大仰星にとって「最初

の12分間」の始まりであり、マナミンたち3年生にとっては「最後の12分間」の始まりでもあった。

マナミンが感じたのは、「センチュリーホールって、こんなに音が響くんやな」ということだった。最後の練習場所が、あまり響かない音楽室だったせいかもしれない。けれど、違和感はなく、むしろ音の反響が心地よかった。

東海大仰星のメンバーは、一人ひとりがしっかりとした足取りで前へ進んでいくように演奏した。そして、課題曲は無事終わった。

続いては、自由曲《交響詩「ローマの祭」より》だ。いったん先生が指揮台を降りると、バンダ(編成から離れた位置で演奏する別働隊)の3人のトランペット奏者がステージの前へ出てくる。コンクールではあまり多くない光景に、観客の注目が集まり、それが緊張感を生んだ。

藤本先生が再び指揮台に上がり、腕を振り下ろした。木管楽器の甲高い音、炸裂するの音に続いて、バンダの3本のトランペットが華々しく響いた。自由曲の成否を占う箇所だったが、きれいに揃った見事な演奏だった。

「これでもう大丈夫や!」

マナミンは思った。

もう何も迷うことはない。心配する必要もない。レスピーギが作り上げた壮大な音楽に身を投じ、その一部になればいい。みんなの音、みんなの「決意」、みんなの「想い」が心地よく一つに溶け合っていった。

トロンボーンのソロの直前、マナミンは少し緊張した。

「失敗するかどうかなんて考えるのはやめや。思いっ切り楽しんで吹こ!」

そう考えて吹いたソロは、ほぼ完璧だった。

その後、曲はゆったりした箇所に差し掛かった。気持ちに余裕ができ、マナミンは入部してから今までにあったことを思い返した。楽しいこと、つらいこと、緊張、喜び……。

「あぁ、あとちょっとで全部終わってしまうんや!」

時間を止めたい。このステージで、この56人で、いつまでも《ローマの祭》を演奏していたい。だが、音楽を止めることはできない。12分間の終わりが近づく。

先生の力強い指揮に合わせ、マナミンたちは青春のすべてを込めて、最後の3つの音を壮大に響かせた。

その余韻が消え去っていくのと入れ違いに、会場から割れんばかりの拍手が巻き起こった。「ブラボー!」の声がそこここから響いてくる。まるでセンチュリーホール全体が一瞬で沸騰したかのようだった。

先生の合図で55人は立ち上がった。マナミンは拍手と「ブラボー!」を全身に浴びながら、「これが聞きたかった!」と感動に震えた。全身に鳥肌が立っていた。

みんなの嬉し泣きする顔、笑う顔が見えた。もう思い残すことは何もない。

すべてを出し切り、東海大仰星の12分間が幕を閉じた。

最後のページに綴られたメッセージ

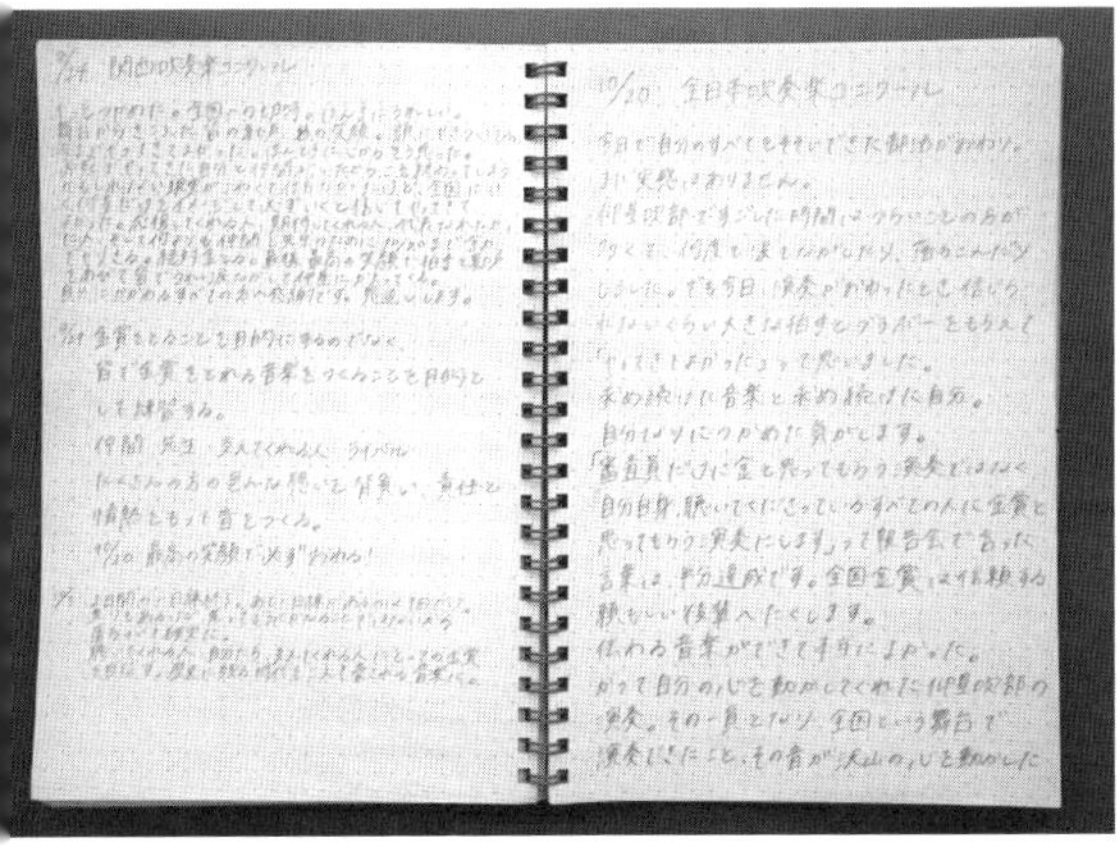

表彰式に、マナミンは副部長と二人で登壇した。「どんな賞でも、笑顔で受け止めようね」

式が始まる前、二人でそう話し合い、笑顔の練習をした。

そして、ステージに出て、表彰状とトロフィーを受け取った。結果は銀賞だった。

「今の私たちの力はこれなんだな」とマナミンは思った。

落ち込みはしなかった。目標としていた金賞には届かなかったけれど、それは後輩たちに託そう。そう思ったら、自然と笑顔になることができた。

全国大会の夜、マナミンは部長ノートにこう書いた。

今日で自分のすべてをそそいできた部活がおわり。
まだ実感はありません。
仰星吹部ですごした時間はつらいことの方が多くて、何度も涙をながしたり、
落ちこんだりしました。でも今日、演奏がおわったとき信じられないくらい
大きな拍手とブラボーをもらえて「やってきてよかった」って思いました。
求め続けた音楽と求め続けた自分。
自分なりにつかめた気がします。

誰に見せるわけでもなく、自分のためだけに書いてきた部長ノート。
改めて振り返ると、自分自身の綴った言葉に励まされ、支えられてきたのがわかる。だが、もうこのノートに書くことはない。

ホルンのユイカは全国大会の2日後に日記を書いた。

今日は部活モードから勉強モードにしっかり切りかえるために書きます！
おととい、全国大会で吹いてきました。今まで辛かったことも、しんどかった
ことも、いっぱい泣いたことも、全てが吹き飛ぶぐらい楽しくて、憧れの舞台
に立ててることが幸せで（中略）「初出場」という形であのステージに乗れたこと
がほんまに嬉しかった。
3年間いちばん頑張ってきたのが吹奏楽で、それ以上に頑張ったものがないの
で急に何もなくなったかんじでほんまにさみしい。
けど、何よりも頼れる大好きな先輩、悩んだときに寄り添って話を聞いて
くれる同期、かわいい元気な後輩、藤本先生とここまで一緒にクラブができた
ことは一生の誇りになった。

ユイカがその日記を書いた日は、3年生の最後の活動日だった。
コンクールに出場した28人の3年生は吹奏楽部員としてのすべての活動を終え、後輩た

ちに向けてひと言ずつ語ってから去っていった。

部活が終わった後、藤本先生は一抹の寂しさを感じながら職員室に戻った。

すると、デスクの上に「全国大会への私たちの想い」のノートが置かれていた。いったい誰が置いていったのだろう？

先生はパラパラとページをめくった。全国大会初出場という偉業を成し遂げてくれたメンバー一人ひとりの言葉を眺めた。

そして、最後のページにこんな言葉が付け加えられていることに気づいた。

こんなにも長い間
皆と音楽をつくり
あげてこれて
幸せでした。
ありがとう！
35th 一同

藤本先生へ
どうしようもない私たちが
成長することができたのは
先生のおかげです。
私たちの第2のパパ。
ありがとう。
35th 一同

先生はその言葉に目を通すと、微笑みを浮かべた。そして、静かにノートを閉じた。

【全日本吹奏楽コンクール、終了】

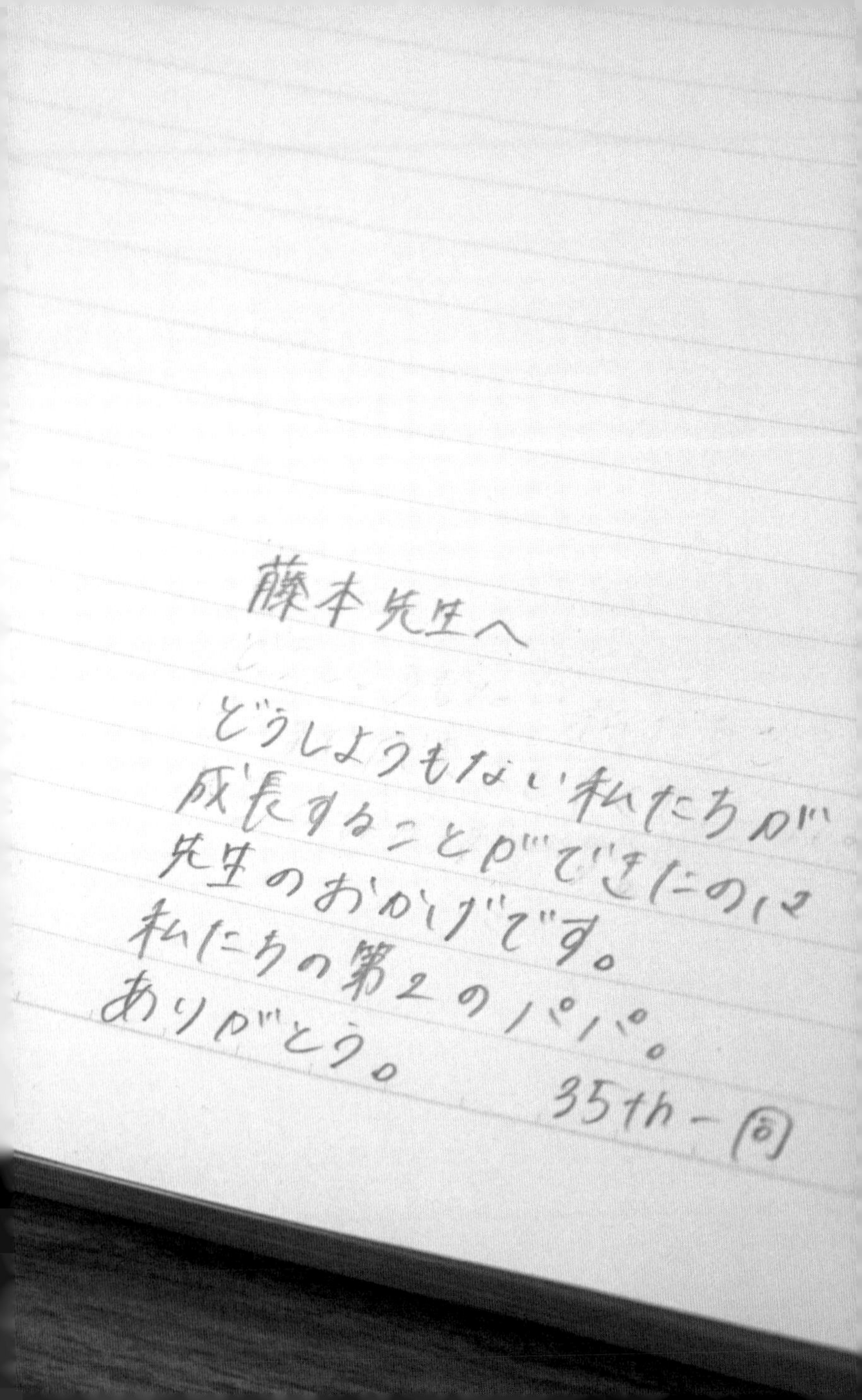
藤本先生へ

どうしようもない私たちが
成長することができたのは
先生のおかげです。
私たちの第2のパパ。
ありがとう。
35th一同

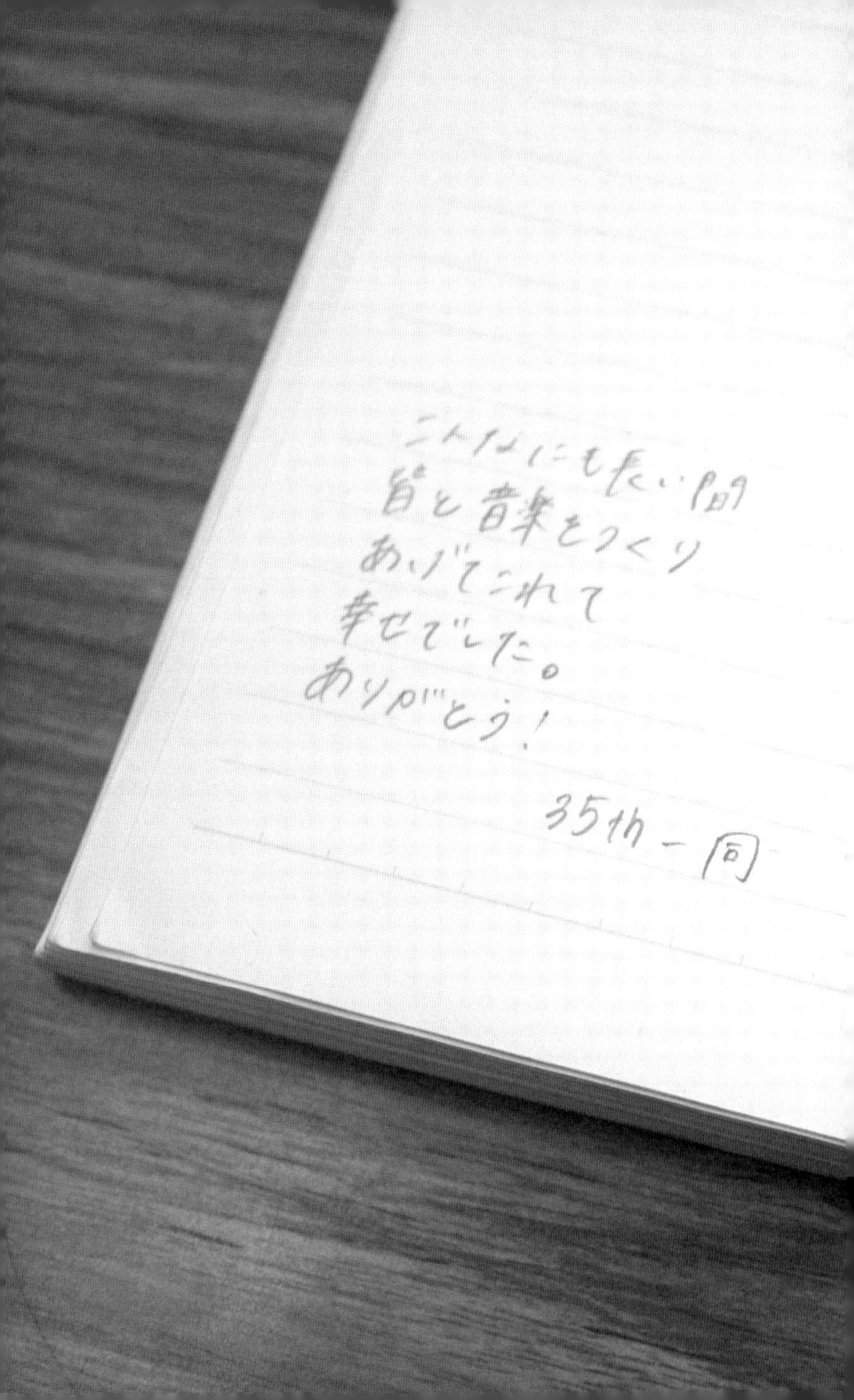
こんなにも長い間
皆と音楽をつくり
あげてこれて
幸せでした。
ありがとう！
35th 一同

東海大学付属大阪仰星高等学校吹奏楽部（大阪府）

大阪府枚方市にある私立の共学校。2018年度より「東海大学付属仰星高等学校」から現在の校名へと改称。吹奏楽部は過去、全日本アンサンブルコンテストに3回出場。2019年度は、付属の中等部の部員（14人）と合わせて124人で活動。

藤本佳宏先生

1976年生まれ。大阪府出身。東海大学付属大阪仰星高校吹奏楽部のOB(9期生)で、大阪音楽大学卒(クラリネット専攻)。2002年から東海大仰星の吹奏楽部顧問。部員の自主性を重んじ、怒らない指導をポリシーとする。担当教科・音楽。

エピローグ

「ノート」に記録されたかけがえのないもの

吹奏楽部に所属する日本中の高校生たちが青春を燃やしたコンクール。東海大学付属大阪仰星高校が初の全国大会出場を果たし、銀賞を受賞したことは第7章で書いた。では、他の6校の「その後」をここに記そう。

明誠学院高校は、岡山県大会、中国大会を突破。4年連続10回目の全日本吹奏楽コンクール出場を果たした。全国大会は前半の部の9番目に登場。稲生健先生の指揮に応え、ウノやカゲたちは深い響きで《3つの交響的素描「海」より》を演奏。銀賞を受賞した。

埼玉県立伊奈学園総合高校は、西関東大会で代表に選ばれ、21回目の全国大会出場を決めた。全国大会は、後半の部の14番目（最後から2番目）に登場。満面の笑みを浮かべた宇畑先生の指揮に合わせ、凄まじい統一感を誇る伊奈サウンドで《「美女と野獣」より》を感動的に演奏。結果は銀賞だったが、そこには美しい音楽の花が咲いていた。

全国で最初に全日本吹奏楽コンクール出場を決めた**小松市立高校**は、前半の部の3番目に出場。初出場校としてはプレッシャーのかかる出演順だったが、思いがいっぱいにこもった《ブリュッセル・レクイエム》を披露。前期部長のマユらが奏でるユーフォニアムのソリは感動的だった。審査結果は銅賞だったものの、深く心に残る演奏だった。

見事に通算20回目の全国大会出場を果たした**福島県立磐城高校**は後半の部の11番目、ちょうど東海大仰星の次という出番だった。橋本葉司先生の指揮で、流麗さとダイナミックさを兼ね備えた《ラ・ヴァルス》を披露。ジャクソンのバリトンサックス、ナオちゃんのユーフォニアムもよく響いていた。審査結果は銀賞だった。

八王子学園八王子高校は全日本吹奏楽コンクールへは出場できなかったが、11月に大阪城ホールで行われた全日本マーチングコンテストにただ1校の東京都代表として出場。初めての金賞を獲得し、顧問の高梨晃先生も喜びの涙を流した。コンクールでは果たせなかった『突破』をマーチングで達成したのだった。

藤重佳久先生が率いる**活水高校**は、東海大仰星・磐城・伊奈学と同じ後半の部に出場。4年ぶりに帰ってきたカリスマと「奇跡」のブラバンガールズに、会場は期待感で包まれた。1番目という難しい出演順だったが、迫力たっぷりの藤重サウンドで奏でられる《吹奏楽のための協奏曲》は喝采を浴びた。審査結果は、惜しくも銀賞だった。

なお、伊奈学園総合高校と活水高校も、11月の全日本マーチングコンテストに出場。2校とも抜群の演奏・演技で金賞を受賞した。


♪


全日本吹奏楽コンクールに出場することも、そこで優秀な成績を収めることも、とても素晴らしいことだ。しかし、目標とする金賞に届かなかったら失敗なのかというと、そんなことはまったくない。また、全国大会に出場できない学校の音楽や活動は価値が低いのかというと、それもまったく違う。

本書のタイトルは『私たちの負けられない想い。』となっているが、それはコンクールの勝敗を意味しているわけではない。

最後までお読みになった方ならお分かりだろう。本気で吹奏楽コンクールに挑んだ高校生たちが手に入れたもっとも大切なものは、全国大会出場や金賞受賞の栄誉ではない。表彰状には記されないけれど、キラキラしたかけがえのないものだ。

吹奏楽部員の綴った「ノート」には、まさにそのかけがえのないものが記録されている。感じやすく傷つきやすい高校生たちがお互いの心をさらけ出し、ぶつかり合い、思いやり合い、友情へとたどり着く。ひたむきに、純粋に、楽器や音楽に取り組み、格闘し、のめり込み、聴く人を涙させる演奏をつくり上げる。

そして、自分の弱さやカッコ悪さも、喜びも悲しみも悔しさも、自分の「想い」を全部ひっくるめて「ノート」に書き綴る――。

筆者は取材を通じて数々の「ノート」に記された言葉の真摯さに心を打たれた。この感動を伝えたいと、自分自身も「ノート」を綴るような気持ちで本書を執筆した。

筆者としては、本書が吹奏楽をしているすべての人にとって応援と励ましの1冊になること、吹奏楽の経験がない方にとっては「吹奏楽ってこんなに面白いんだ!」「自分も何かに夢中になりたい!」と思っていただける1冊になることを切に願っている。

最後に、取材に応じてくださった7校の先生方、吹奏楽部員の皆さんに感謝の意を表して筆を置きたい。オザワ部長は皆さんを心からリスペクトしています。

そして――吹奏楽は、本当に素晴らしいものです。

オザワ部長

[著者プロフィール]

オザワ部長

日本で唯一の吹奏楽作家。1969年生まれ。神奈川県横須賀市出身。早稲田大学第一文学部文芸専修卒。

吹奏楽関係の書籍を多数出版しており、代表作に『吹部ノート』『吹部ノート②』『吹部ノート③』『吹奏楽部アナザーストーリー㊤㊦』（以上、小社刊）、『みんなのあるある吹奏楽部』『あるある吹奏楽部の逆襲！』（以上、新紀元社刊）、『最強！大阪桐蔭高校吹奏楽部　梅田先生と部員170名の青春ラプソディ』『一球入魂！一音入魂！　甲子園に響け！熱援ブラバン・ダイアリー』『きばれ! 長崎ブラバンガールズ　藤重先生と活水吹部7か月の奇跡』（以上、学研プラス刊）等。

NHK Eテレ「沼にハマってきいてみた」（吹奏楽沼）、NHK-FM「今日は一日“吹奏楽三昧”リターンズ」、TBSラジオ「たまむすび」等に出演。

朝日新聞デジタルに「奏でるコトバ、響くココロ　吹部名言集」を連載するなど、各種メディアにも寄稿。ラジオ番組「Bravo Brass ～集まれ！ブラバンピープル～」（FM／インターネットラジオ）ではパーソナリティを務める。他、テレビ番組の監修、CDの選曲・ライナーノーツ執筆、コンサートのコーディネート、講演・ワークショップ、You Tube動画、SNS等でも活躍中。


[Twitterアカウント] @SuisouAruaru

[制作スタッフ]
ブックデザイン　田中敏雄（PEACE DESIGN STUDIO）
カバー写真　青山裕企
本文写真　オザワ部長

新《しん》・吹部《すいぶ》ノート
私《わたし》たちの負《ま》けられない想《おも》い。

2020年1月10日　初版第1刷発行

著　者　オザワ部長《ぶちょう》
発行者　小川真輔
発行所　KKベストセラーズ
〒171-0021
東京都豊島区西池袋五丁目二六番一九号
陸王西池袋ビル四階
電　話　03-5926-5322（営業）
03-5926-6262（編集）
https://www.kk-bestsellers.com/
印刷所　近代美術
製本所　フォーネット社

ISBN 978-4-584-13955-4 C0073